Hilfe!! Depression

Soforthilfe bis zum Start einer Psychotherapie

Dr. med. Barbara Gorißen

Impressum:
Dr. med. Barbara Gorißen
Wilhelm-von-Erlanger-Straße 22a
55218 Ingelheim
www.Praxis-Dr-Gorissen.de
barbara.gorissen@proton.me
Copyright: Dr. Barbara Gorißen 2024; Alle Rechte vorbehalten
Herstellung durch Amazon Distribution GmbH
ISBN: 9798876708403
Imprint: Independently published

Autorin: Gesetzliche Berufsbezeichnung Ärztin. Berufsbezeichnung verliehen in der Bundesrepublik Deutschland. Es besteht die Facharztbezeichnung Innere Medizin, nach Weiterbildung und Prüfung verliehen von der Landesärztekammer Hessen. Die Zusatzbezeichnungen fachbezogene Psychotherapie, Palliativmedizin und Notfallmedizin wurden ebenfalls von der Landesärztekammer Hessen verliehen.
Zuständige Ärztekammer/Aufsichtsbehörde:
Bezirksärztekammer Rheinhessen
117er Ehrenhof 3a
55118 Mainz

Dieses Buch ist all jenen gewidmet, die schon einmal durch das tiefe Tal der Depression geschritten sind

Inhaltsverzeichnis

Wichtige Vorbemerkung	8
Der Druck muss raus!	18
Die Pflichten runterfahren!	30
Die Stimmungsskala	38
Kein Schadensbericht ohne Unfallskizze	50
Die Liste der angenehmen Momente	59
Haben Sie Ihren Akku tiefenentladen?	69
Halten Sie Ihren Tagesakku in Balance	81
To-do-Listen? Ok, aber bitte richtig	99
Wie reden Sie eigentlich mit sich?	105
Will ich das? Will ich das? Will ich das?	121
Sie sind doch meistens gar nicht gemeint	131
Gerade auch bei Freunden gilt: Find your tribe	143
Wie bitte? Beim Autofahren meditieren?	153
Seine eigenen Bedürfnisse kennen und achten	179
Der Vergleich mit anderen	192
Nachwort	206

WICHTIGE VOR-BEMERKUNG

■■

Bei einer waschechten Depression ist jedes Buch nur eine Krücke. Und eine Krücke ersetzt natürlich auch keine Behandlung, wenn Sie Ihr Bein gebrochen haben. Sie kann Ihnen aber durchaus von Nutzen sein.

Sie könnte Ihnen sogar helfen, sich zu Hause halbwegs zu bewegen, ohne sich das gebrochene Bein dadurch noch stärker zu verletzen – wenn Sie aufgrund völliger Überlastung des Chirurgen erst mal nur auf der Warteliste stehen. Utopisch? In der Chirurgie tatsächlich (noch?) nicht denkbar, in der Psychotherapie leider Alltag. Allerdings gibt es auch bei psychischen Erkrankungen selbstverständlich jederzeit professionelle Soforthilfe für Notfälle, dazu aber gleich mehr.

Lassen Sie uns erst nochmal kurz zur Krückenmetapher zurückkommen. Eine Krücke ist also nur ein unterstützendes Hilfsmittel, nicht die eigentliche Behandlung, jedenfalls dann nicht, wenn Sie sich das Bein tatsächlich gebrochen haben.

Wenn Sie sich das Bein dagegen nur gezerrt haben, und es zum Glück doch nicht gebrochen ist, dann kann eine Krücke natürlich durchaus auch ausreichend sein. Dann wird Ihnen dieses Buch auch ohne nachfolgende Psychotherapie gute Dienste leisten. Aber wenn Sie sich so verletzt haben, dass Sie eine Krücke brauchen, dann sollten Sie sich auf jeden Fall auch sicherheitshalber bei einem Arzt vorstellen, selbst wenn es erst einmal „nur" der Hausarzt ist (glauben Sie mir, der wird wissen, was zu tun ist!).

Im Klartext: Wenn Sie glauben, dass bei Ihnen eine Depression vorliegen könnte, dann sollten Sie dies mindestens bei Ihrem Hausarzt ansprechen, denn jeder Hausarzt ist darin geschult, eine Depression zu erkennen und weitere Schritte in die Wege zu leiten. Und beim Warten darauf ist es dann auch gerechtfertigt, schon einmal selbst etwas zu tun.

Dieses Buch soll Ihnen helfen, nach Art eines Feuerlöschers den beginnenden Brand zu bekämpfen, bevor er sich ausbreiten kann. Im Zweifel rufen Sie ja aber auch bei einem Hausbrand immer die Feuerwehr und hantieren mit dem Feuerlöscher allenfalls dann, wenn Sie die Feuerwehr bereits gerufen haben.

Was jedoch zu tun ist, wenn sich das Feuer bereits so ausgebreitet hat, dass man ohne weitere Löschversuche sofort das Haus verlassen muss, dazu kommen wir noch.

Dieses Buch ersetzt also auf keinen Fall eine professionelle individuelle Begleitung oder überhaupt erst eine Diagnose.

Es kann Sie unterstützen, aber das Mindeste, was ich von Ihnen verlangen muss, ist eine Vorstellung beim Hausarzt. Wenn Sie eine Krücke brauchen, und es nicht innerhalb kürzester Zeit besser wird, MUSS eben einfach auch ein Arzt vor Ort einen Blick darauf werfen.

Wenn Sie einen Feuerlöscher brauchen und das Feuer damit nicht SOFORT löschen können, MUSS ja schließlich auch die Feuerwehr alarmiert werden. Und Sie können allenfalls in der Wartezeit noch ganz kurz (aber mit äußerster Vorsicht und Fluchtbereitschaft!) versuchen, einen Feuerlöscher einzusetzen.

Schluss jetzt aber mit den blumigen Metaphern, nennen wir das Kind beim Namen und klären wir einige sachliche Fakten.

Eine schwere Depression kommt nicht über Nacht. Man „rutscht da hinein", immer ein kleines Stückchen tiefer. Es beginnt mit typischen Vorzeichen, die von Mensch zu Mensch unterschiedlich sein können, die aber üblicherweise für einen bestimmten Menschen immer gleich ablaufen. Das ist Ihr Vorteil, wenn Sie schon einmal eine Depression durchgemacht haben: Sie wissen dann, wie sich diese Vorzeichen für Sie anfühlen, und können direkt reagieren.

Denn es ist oft möglich, diesen Prozess rechtzeitig zu stoppen, insbesondere, wenn Sie schon Erfahrungen mit Ihrer Depression haben. Denn idealerweise haben Sie beim letzten Mal in einer Psychotherapie bereits erarbeitet, welches Ihre problematischen Muster sind, und wie Sie diese stoppen und/oder welche Gegenmaßnahmen Sie anwenden können.

Manchmal ist es aber auch nicht möglich, diesen Prozess rechtzeitig zu stoppen, und Sie rutschen immer tiefer, bis Sie nur noch im Bett liegen können, mit der Decke über dem Kopf und dem Gefühl, es nicht mehr aushalten zu können. Sie wollen nur noch, dass das AUFHÖRT, vollkommen egal, wie. In diesem Stadium können Sie womöglich keinen klaren Gedanken mehr fassen und sind handlungsunfähig, sodass Sie keinen Ausweg mehr sehen. Aber einen Ausweg gibt es immer, und dafür brauchen Sie sich auch keine komplizierte Telefonnummer zu merken: Wählen Sie dann einfach die 112.

Was geschieht, wenn Sie die 112 wählen, und wann sollten Sie das tun?

Zunächst einmal möchte ich mit einem großen Vorurteil aufräumen: Entgegen aller Befürchtungen reißt Ihnen niemand den Kopf ab, wenn Sie die 112 wählen. Versprochen. Ich habe mehr als 10 Jahre lang als Notärztin gearbeitet, und ich kann Ihnen versichern, in der Leitstelle sitzen sehr erfahrene und nette Disponenten, vor denen Sie wirklich keine Angst zu haben brauchen.

Na klar, natürlich sollen Sie nicht die 112 wählen, wenn Sie seit vier Wochen Rückenschmerzen haben und es einfach noch nicht zum Hausarzt geschafft haben. Auch dann nicht, wenn es „heute aber wirklich wieder mal weh tut und der Hausarzt jetzt schon zu hat". Das ist einfach kein Notfall.

Was aber sehr wohl ein Notfall ist, und zwar egal um welche Uhrzeit, das ist eine schwere Depression mit suizidalen Gedanken, sodass Sie Angst vor sich selbst bekommen und sich selbst nicht mehr über den Weg trauen. Wenn Sie dann die 112 anrufen und einfach sagen, dass Sie lebensmüde Gedanken haben und in eine Klinik wollen, dann können Sie sich darauf verlassen, dass 10-15 Minuten später ein Rettungswagen bei Ihnen klingelt und Sie in die für Ihr Einzugsgebiet zuständige Klinik bringt. Sie brauchen sich um nichts weiter zu kümmern. Und Sie brauchen auch keine Klinikeinweisung, denn diese ist bei einem Notfall nicht nötig. Und eine schwere Depression mit lebensmüden Gedanken IST ein Notfall. Selbst wenn es gerade zwei Uhr mitten in der Nacht ist.

Und was machen Sie, wenn Sie keine suizidalen Gedanken haben, sich aber so schlecht fühlen, dass Sie trotzdem das Gefühl haben, dass Sie das alles einfach nicht mehr aushalten? Wenn Sie darum in eine Akutklinik möchten, weil Sie einfach mal aus der ganzen Misere entkommen wollen und darum sofort und ohne lange Wartezeit professionelle stationäre Hilfe wünschen? Dann wenden Sie sich bitte an Ihren Hausarzt, der ist ohnehin die erste Anlaufstelle auch bei psychischen Problemen, und Ihr Hausarzt kann Ihnen eine Einweisung für eine Akutklinik schreiben. Hierfür beträgt die Wartezeit üblicherweise 2-3 Wochen, ist also wirklich überschaubar.

Ist es nicht so akut, sondern schleppen Sie sich eher chronisch schon seit längerer Zeit mit depressiven Gedanken herum und finden keinen Ausweg aus beruflichen und/oder privaten Dauerbelastungen? Dann könnten Sie auch einen längeren Aufenthalt in einer psychosomatischen Rehaklinik in Erwägung ziehen. Hierfür sollten Sie allerdings bereits eine ambulante Psychotherapie begonnen haben, die sich in dem Fall dann eben als nicht ausreichend herausstellt. Mit Ihrer Therapeutin oder Ihrem Therapeuten können Sie dann die Möglichkeit eines längeren, 4-12 wöchigen Aufenthaltes in einer Rehaklinik besprechen. Da es ja aber gar nicht so leicht ist, überhaupt einen Therapieplatz zu bekommen, kann Ihnen notfalls auch da Ihr Hausarzt weiterhelfen. Denn Ihr Leben ist wertvoll.

Wichtig ist jedoch vor allem, dass Sie aus diesem Kapitel folgende Punkte mitnehmen: Wenn alles über Ihnen zusammenbricht, wenn Sie das Gefühl haben, dass Sie es nicht mehr aushalten können, **wenn Sie zunehmend sogar suizidale Gedanken bekommen und wenn diese plötzlich so drängend werden, dass Sie keinen Ausweg mehr sehen – dann wählen Sie bitte die 112.** Denn das ist ein Notfall, und dafür ist diese Notfallnummer da. Bitte nicht denken: „Ach, ich muss mich eben noch mehr zusammenreißen, wird schon irgendwie gehen, ich kann das sicher noch aushalten, irgendwie". Wenn Sie das aber immer mehr Kraft kostet und Ihnen immer weniger gelingt, bitte wählen Sie dann die 112 und sagen Sie, dass Sie Hilfe brauchen. 10-15 Minuten später sind Sie dann in einem Rettungswagen auf dem Weg in die für Sie zuständige Akutklinik, und Sie brauchen sich über nichts mehr Gedanken zu machen. Denn dort bekommen Sie professionelle Hilfe, und zwar sofort und ohne Wartezeit.

Und was geschieht in einer Akutklinik? Sind Sie nicht geplant mit Einweisung, sondern als Notfall gekommen, werden Sie vorab einige Tage unter ständiger Beobachtung auf einer geschützten Station verbringen, auf der Sie absolut sicher sind: vor sich selbst, vor Ihren Gedanken und vor möglichen Kurzschlusshandlungen. Sie werden merken, wie Sie allmählich zur Ruhe kommen und ein wenig entspannter werden. Nach wenigen Tagen werden Sie sich so weit stabilisiert haben, dass Sie auf die Depressionsstation verlegt werden. Dort bleiben Sie so lange, bis es Ihnen wirklich besser geht. Sie lernen andere Patienten kennen, denen es ähnlich geht wie Ihnen, schließen Freundschaften mit Menschen, die Sie wirklich verstehen, führen viele therapeutische Gespräche. Und Sie erhalten erste, tiefe Einblicke über pathologische, sich immer wiederholende Muster in Ihrem Leben, und wie Sie diese auflösen können.

Nicht zuletzt entdecken Sie aber, dass Sie keinesfalls alleine sind. Menschen mit depressiver Veranlagung sind sich in vielen Dingen erstaunlich ähnlich: Sie können schlecht nein sagen, halten Konflikte nicht gut aus, sind oft geradezu harmoniesüchtig, stellen ihre eigenen Bedürfnisse stets zurück, bekommen sehr leicht Schuldgefühle oder haben ein geringes Selbstwertgefühl.

Aber zu entdecken, dass es anderen genauso geht, heilt. Und schweißt zusammen. Und verändert alles. Wenn man Menschen fragt, die in einer psychiatrischen oder psychosomatischen Klinik waren, wird der Kontakt zu anderen depressiven Patienten immer wieder als eins der wichtigsten Elemente auf dem Weg der Besserung beschrieben.

Nach einem Klinikaufenthalt geht es üblicherweise direkt weiter mit einer ambulanten Psychotherapie, die das in der Klinik erlernte festigen soll. Eine ambulante Psychotherapie kann in sehr vielen Fällen auch ohne Klinikaufenthalt aus der Depression heraushelfen. Wenn Sie schon einmal eine Depression hatten, werden Sie das sicher wissen. Wenn Sie noch keine Psychotherapie hatten, aber auf einer Warteliste stehen, werden Sie es bald kennenlernen.

Wenn Sie wirklich gerade eine waschechte Depression haben, wird dieses Buch nicht ausreichen. Es baut darauf auf, dass Sie Ihre pathologischen Muster bereits kennen oder demnächst kennenlernen werden und dies in einer Therapie vertiefen können. Es setzt voraus, dass Sie bereits Tools erlernt haben, um sich zu stabilisieren, oder diese Tools bald kennenlernen werden; dass Sie die Anzeichen kennen, wenn aus einer zunächst leichten eine mittelgradige und schließlich eine schwere Depression wird, und dadurch rechtzeitig durch das Aufsuchen professioneller Hilfe gegensteuern können. Und es setzt zwingend voraus, dass ein Psychotherapeut oder zumindest ein Hausarzt „mit draufschaut".

Sind diese Bedingungen gegeben, kann das Buch eine gute Unterstützung sein. Und wenn die Depression noch ganz am Anfang steht, kann es sie womöglich sogar wie ein Feuerlöscher stoppen und der Feuerwehr dadurch einiges an Arbeit abnehmen.

Halten Sie einen Bleistift bereit, denn ich werde Sie immer mal wieder bitten, etwas direkt ins Buch zu schreiben.

Wenn Sie einen Füller oder einen Kugelschreiber vorziehen geht das natürlich auch in Ordnung, aber ein Bleistift wäre am besten, da die meisten Menschen unbewusst Probleme damit haben, mit einem Füller oder einem Kugelschreiber in ein Buch zu schreiben. Denn die meisten von uns haben das als Kind schon einmal versucht – und Ärger deswegen gekommen. Darum ist ein Bleistift am besten, da es dagegen üblicherweise keinen inneren Widerstand gibt. Und dieses Buch soll Ihnen beibringen, auf Ihren inneren Widerstand zu hören – und ihn nicht länger mit „ach, wird schon gehen" zu übergehen. Denn genau das hat Sie in diese Bredouille gebracht, und genau deshalb müssen Sie in Zukunft damit aufhören.

SCHRITT NR. 1

DER DRUCK MUSS RAUS!

Hören Sie bitte auf damit, zu glauben, Sie müssten sich eben einfach nur „noch mehr zusammenreißen". Damit fahren Sie sich nur tiefer in der Depression fest.

■■

Sind Sie schon mal in einem Auto gefahren, das in den Notlaufmodus geschaltet hat? Beeindruckend, oder? Egal, wie stark Sie auf das Gaspedal treten, es kommt einfach keine Leistung mehr aus dem Motor. Und genau das ist Absicht! Der Notlaufmodus ist ein Schutz – er hat eine ganz wichtige Aufgabe, denn er schützt Ihr Auto. Sie sollen lediglich noch in die Lage versetzt werden, damit in die nächste Fachwerkstatt zu fahren.

Und genau aus diesem Grund ist eins der häufigsten Symptome einer Depression der verminderte Antrieb. Dinge, die Ihnen normalerweise leicht von der Hand gehen, machen Ihnen plötzlich Probleme und sind nun eine riesige Kraftanstrengung.

Wenn Sie noch tiefer in die Depression rutschen, kann es sogar passieren, dass Sie bei vielen Dingen völlig handlungsunfähig werden. Der Alltag liegt wie ein Berg vor Ihnen, Sie fühlen sich überwältigt von Ihren Tagesaufgaben, gelähmt von Ihren Verpflichtungen. Am liebsten möchten Sie sich in Ihr Bett zurückziehen und die Decke über den Kopf ziehen.

Dieser Notlaufmodus ist von Ihrer Psyche beabsichtigt. Und die Wahrscheinlichkeit ist extrem groß, dass Sie schon seit längerem oberhalb Ihrer Belastungsgrenze gelebt und gearbeitet haben. Nicht etwa, weil Sie zu wenig Selbstdisziplin haben. Sondern ZUVIEL.

„Reiss dich zusammen, andere Menschen schaffen das doch auch!" ist Ihr Leitsatz – einer, den Sie womöglich schon seit Ihrer Kindheit gehört haben, und der Ihnen auch von den Menschen um Sie herum immer wieder signalisiert wird.

„Ach, geht schon irgendwie!" ist Ihr zweiter Leitsatz. Und so schweigen Sie und machen gute Miene zum bösen Spiel. Sie verbergen Ihre Überforderung nach außen und drangsalieren sich mit Durchhalteparolen nach innen. Und dann wundern Sie sich, wenn Sie sich plötzlich im Notlaufmodus befinden und nun einfach nicht mehr KÖNNEN, egal, wie sehr Sie sich zu zwingen versuchen. Also hören Sie bitte auf damit, sich zu überfordern – jetzt werden die Verpflichtungen erst einmal heruntergefahren!

Ich komme jetzt schon wieder mit meiner „Beinbruch-Metapher" an. Stellen Sie sich also vor, Sie hätten sich einen komplizierten Beinbruch zugezogen. Da wäre es sogar für Sie und Ihr Umfeld völlig klar, dass Sie sich für die nächsten Monate deutlich zurücknehmen müssen, um die Heilung nicht zu gefährden. Da gäbe es überhaupt nichts zu diskutieren, es wäre für alle offensichtlich. Sie müssten sich schonen, müssten viele Ihrer Verpflichtungen absagen, vieles würde erst einmal liegenbleiben. Inklusive Sie selbst.

Warum ist dies bei einem Beinbruch absolut logisch und offensichtlich – aber bei einer Depression denken Sie und Ihr Umfeld, Sie müssten sich eben einfach nur mehr zusammenreißen? Würde man das zu jemandem sagen, der sich gerade das Bein gebrochen hat? Nein! Aber worin besteht bezüglich Leistungsfähigkeit der Unterschied zwischen Beinbruch und Depression? Es gibt keinen!

Wenn Sie sich mit gebrochenem Bein „zusammenreißen" und mit Ihren Verpflichtungen weitermachen, als ob nichts passiert wäre, werden Sie die Heilung nur verzögern, vielleicht sogar verhindern, und Ihr Bein wird dauerhaften Schaden nehmen. Zum Glück sorgen die heftigen Schmerzen dafür, dass Sie vernünftig bleiben und sich schonen.

Wenn Sie sich mit einer Depression „zusammenreißen" und weitermachen wie bisher, werden Sie die Heilung nicht nur verzögern, sondern Ihre psychische Gesundheit kann dauerhaften Schaden nehmen. Zum Glück sorgen die starken psychischen Schmerzen und eine bleierne Antriebslosigkeit und Erschöpfung dafür, dass Sie vernünftig bleiben.

Ok, also Verpflichtungen herunterfahren. Aber wie?

Indem Sie sich jetzt bitte zunächst einmal Ihre ganzen Verpflichtungen aufschreiben (am Ende des Kapitels finden Sie einige hierfür vorgesehene Seiten mit genügend Platz). Wir wollen uns erst einmal anschauen, wie viel Sie in Ihren Rucksack gepackt haben – und erschrecken Sie bitte nicht, wenn Sie beim Aufschreiben merken, wie viel das ist. Wir werden da in einem zweiten Schritt ein bisschen Ordnung hineinbringen. Jetzt geht es uns erst mal darum, den Istzustand aufzuschreiben.

Stellen Sie sich (wieder mal) vor, Sie hätten sich das Bein gebrochen. Und zwar auch noch ein sehr komplizierter Bruch. Und Sie müssten sich jetzt damit abfinden, die nächsten Wochen im Krankenhaus liegend zu verbringen. Da wäre dieser Blick auf Ihre Verpflichtungen jetzt auch notwendig. Was können Sie in den nächsten Wochen tun, was können Sie delegieren, was müsste erst einmal liegenbleiben? Um das zu entscheiden, gilt es zunächst einmal, eine Liste zu machen: Was liegt überhaupt alles an?

Zählen Sie dafür alle Verpflichtungen auf, die Sie sich selbst in den letzten Monaten gestellt haben, und auch die Erwartungen der anderen, die Sie zu Ihren Verpflichtungen gemacht haben, und die Sie einfach irgendwie „im Nacken spüren".

Womöglich sind das sogar Dinge, die Sie eigentlich auch wirklich gerne machen, nur wissen Sie nicht, wie Sie dies noch in Ihrer übervollen To-do-Liste unterbringen können – zum Beispiel, öfter mit Ihren Kindern zu spielen, oder Ihre Eltern regelmäßiger zu besuchen.

Es können auch Kleinigkeiten sein, die Sie nur wenige Minuten kosten, wie ein Anruf bei Ihrer Großmutter; es können Dinge sein, die Sie schon länger vor sich herschieben, wie Ihre Steuererklärung oder den Kleiderschrank ausräumen. Oder Dinge, die einfach regelmäßig anfallen und auch notwendig sind, wie Gassigehen mit dem Hund oder Geschirrspülen. Es können Dinge sein, die Sie schon lange Zeit machen und auch nicht aufgeben wollen, wie Vereinssport oder ein Ehrenamt.

Sich all Ihre Verpflichtungen einmal aufzuschreiben – das geht tatsächlich am besten in der Depression, denn da ist einfach ALLES ein riesiger Berg, der vor Ihnen liegt, und schon das Duschen morgens kann zur Herausforderung werden. Also: bitte auf den folgenden Seiten alles haarklein und bis ins letzte Detail aufschreiben!

Was ist der Sinn dieser Übung?

In einer beginnenden Depression starrt man wie gelähmt auf Probleme wie das Kaninchen auf die Schlange, und es wächst einem mehr und mehr alles über den

Kopf. Das Gefühl von Überforderung macht sich breit, und durch die zunehmende „Problemtrance" (in der man sich immer mehr auf die Probleme fokussiert) verschwimmen das tatsächliche Ausmaß an Verpflichtungen und Erwartungen Stück für Stück im depressiven Nebel. Da ist nur noch das Gefühl, dass alles ein riesiger Berg ist, der Tag für Tag vor einem liegt. Und dieser Berg macht mutlos und wirkt immer bedrohlicher.

Ihre Gedanken kreisen also momentan ohnehin vor allem um Ihre Verpflichtungen und Aufgaben, und Ihre Antriebslosigkeit (das Kernsymptom einer Depression!) nehmen Sie als Schwäche und Zeichen Ihrer Unfähigkeit wahr – Schuldgefühle machen sich breit und verstärken die Abwärtsspirale noch weiter.

Alle Verpflichtungen einmal aufzuschreiben, konkret und detailliert, liefert zunächst einen guten Ausgangspunkt, um einen objektiven Überblick zu bekommen: Was liegt denn tatsächlich alles an? Zeichnen sich Schwerpunkte ab, die besonders belastend sind? Oder die besonders dringlich sind?

Was man niederschreibt, ist zudem ganz buchstäblich aus dem Kopf, und Sie kommen womöglich etwas zur Ruhe. Außerdem können und werden wir mit dieser Liste dann im nächsten Kapitel weiterarbeiten.

Übung: Verpflichtungen/ Erwartungen an Sie

Beruflich: ....

....

....

....

....

....

....

....

....

Finanziell: ....

....

....

Partner und Kinder: ....

Familie: ....

....

....

....

....

....

....

....

....

Freunde: ....

....

....

....

....

Haushalt: ....

Alltag: ....
....
....
....
....
....
....
....

Freizeitverpflichtungen: ....
....
....
....
....
....
....

SCHRITT NR. 2

DIE PFLICHTEN RUNTERFAHREN!

Denken Sie an das Auto im Notlaufmodus: Dass Sie gerade nicht leistungsfähig sind, ist Absicht! Hören Sie auf, „funktionieren" zu wollen, und konzentrieren Sie sich aufs Gesundwerden.

∎∎

Wenn Sie tatsächlich den Bleistift gezückt und die Aufgabe des vorherigen Kapitels schriftlich durchgeführt haben, hatten Sie womöglich ein Aha-Erlebnis. Nämlich eine Erkenntnis, die Ihnen zuvor nicht wirklich bewusst war. Denn das geschieht oft, wenn wir die Dinge aufschreiben, anstatt sie nur in unserem Kopf zu jonglieren.

Wahrscheinlich haben Sie nun auch diejenigen Verpflichtungen erkannt, die Ihnen am meisten zu schaffen machen. Die Ihnen richtig schwer auf dem Magen liegen. Und für die es keine Lösung zu geben scheint. Sie sind auf einige Ihrer großen Baustellen gestoßen. Und das ist gut so. Darum werden wir uns später kümmern. Halten Sie Ihre großen Baustellen bitte hier einmal fest. Es sollten zwischen drei und fünf sein, um sich nicht zu verzetteln, und Sie finden Ihre Baustellen meist unter Ihren Verpflichtungen, es können aber auch weitere hinzukommen, die nichts mit Ihrer Liste an Verpflichtungen zu tun haben (vielleicht ein Verlust, über den Sie nicht hinwegkommen). Bitte halten Sie hier jetzt einfach einmal für später Ihre drei bis fünf größten Baustellen fest:

Baustelle 1:

....

Baustelle 2:

....

Baustelle 3:

....

Baustelle 4:

....

Baustelle 5:

....

Und jetzt wenden wir uns noch einmal Ihrer Liste aus dem vorigen Kapitel an. Ja, die Liste mit Ihren Verpflichtungen und den Erwartungen, die Sie selbst oder andere an Sie stellen. Denken Sie dabei an die Metapher mit dem gebrochenen Bein: welche dieser Verpflichtungen könnten Sie für die nächsten Wochen aussetzen, delegieren oder aufschieben, während Sie sich mit eingegipstem Bein in einer chirurgischen Klinik aufs Gesundwerden konzentrieren? Finden Sie spontan solche Verpflichtungen? Dann setzen Sie sie auf Ihrer Liste bitte in Klammern.

Und jetzt schauen Sie sich an, welche Ihrer Verpflichtungen in den nächsten drei Wochen regelmäßig erledigt werden MÜSSEN. Und fragen Sie sich kritisch: Stimmt das wirklich? Und vor allem: Wer sagt das?

Wenn Sie vielleicht Ihre Arbeitsstelle als eine Ihrer Großbaustellen identifiziert haben, die Sie ganz besonders viel Kraft und Energie kostet – dann lassen Sie bitte mal den Gedanken sacken, ob Sie sich nicht von Ihrem Hausarzt mal für 2-3 Wochen krankschreiben lassen könnten. Ja, der Verdacht auf eine Depression ist ein völlig legitimer Grund. Und sogar ein häufiger. Und wir müssen momentan wirklich den Druck aus Ihrem Leben rausnehmen.

Ja, ein paar Wochen Krankmeldung ist bei einem Job, den Sie als Großbaustelle identifiziert haben, nicht viel. Aber es ist ein Anfang und gibt Ihnen zumindest einmal Zeit, tief Luft zu holen und ein bisschen zur Ruhe zu kommen. Die dadurch gewonnene Zeit könnten Sie dann für weitere Schritte nutzen, wie zum Beispiel die Suche nach einem Psychotherapieplatz.

Wenn Sie dagegen das Gefühl haben, dass die Arbeit Ihnen im Gegenteil Struktur gibt und guttut, dass aber womöglich Ihre Ehe und die ständigen Streitigkeiten zu Hause Ihre Großbaustelle sind – dann macht eine Krankschreibung erst einmal wenig Sinn. Denn dadurch würden Sie ja noch mehr Zeit im belastenden Umfeld zu Hause verbringen. In solchen Fällen wäre es aber eine Überlegung wert, ob nicht 14 Tage Akutklinik Ihnen den nötigen Abstand und die nötige Ruhe geben könnten. Denn dies gäbe Ihnen die Möglichkeit, einmal wirklich komplett aus dem belastenden Umfeld herauszukommen und Ihren Kopf wieder klar zu bekommen. Außerdem fänden Sie dort professionelle Unterstützung auf der ganzen Linie.

Das waren jetzt aber natürlich schon zwei etwas größere Vorschläge, wie Sie erst einmal ganz akut den Druck aus Ihrem Leben herausnehmen könnten. Wenn Sie sich mit solchen ja schon etwas gewichtigeren Aktionen (noch?) nicht richtig anfreunden können, schauen Sie doch einfach nochmal genau Ihre Liste mit den Verpflichtungen durch und überlegen Punkt für Punkt, ob und wie Sie diesen für die nächsten Wochen einklammern und damit entschärfen können.

Vielleicht haben Sie ja eine Vertrauensperson, der Sie dieses und das vorherige Kapitel inklusive Ihrer Liste an

Verpflichtungen zeigen können. Ein Außenstehender kann vielleicht auf Ideen kommen, für die Sie in Ihrer momentanen Situation einfach nicht den Kopf frei haben.

In einer Psychotherapie würde man diese Liste jetzt tatsächlich Punkt für Punkt mit Ihnen durchgehen und den einen oder anderen Impuls setzen, der womöglich zum entscheidenden Aha-Effekt verhelfen kann.

Ich will Ihnen als Beispiel einmal eine Geschichte erzählen, die seit Jahren im Internet kursiert, und die vermutlich auch genau so passiert ist – denn solche Szenen sind typisch in der Psychotherapie.

Eine Frau mit einer Depression erzählt in dieser Geschichte, wie sie bei ihrer Therapeutin saß und von ihrer Antriebslosigkeit berichtete. Alles sei eine große Last, sie könne noch nicht einmal die kleinsten Alltagsaufgaben bewältigen.

Die Therapeutin fragte nach: „Können Sie mir denn ein Beispiel nennen? Was für eine übergroße Alltagsaufgabe wartet auf Sie, wenn Sie nach Hause kommen? Wie kann ich mir das vorstellen?"

Die Frau wurde rot, denn sie schämte sich für ihre scheinbare Schwäche. Es kam ihr so albern vor, sie fühlte sich so unfähig und lebensuntüchtig, aber schließlich nahm sie all ihren Mut zusammen und erzählte:

„Also, ein Beispiel ist das ganze dreckige Geschirr in der Spüle. Das liegt da schon seit Wochen, und ich kann mich einfach nicht überwinden, es zu spülen. Ich habe sogar eine Spülmaschine, aber die spült nicht sonderlich gut, und es ist alles eingetrocknet und verkrustet. Ich müsste darum alles mit Hand einweichen und gründlich vorspülen, aber ich schaffe das einfach nicht, und ich schäme mich so dafür. Ich wünschte, ich würde es mit dem Geschirrspüler sauber bekommen, aber das geht eben nicht."

Die Therapeutin sah die Frau ruhig an und sagte: „Dann spülen Sie es in der Spülmaschine eben zweimal durch."
Die Frau schaute entsetzt: „Aber das geht doch nicht! Wer macht denn sowas! Das kann man doch nicht machen!?"

Die Therapeutin lachte und sagte: „Wer sagt das? Wo steht das denn geschrieben? Spülen Sie das Geschirr in der Spülmaschine einfach zweimal, oder dreimal, oder viermal, solange bis es sauber ist! ES GIBT KEINE REGEL – nur in Ihrem Kopf!"

Die Frau ging nachdenklich nach Hause und ließ die nächsten Stunden die Spülmaschine laufen, bis das ganze Geschirr sauber war. Dann duschte sie sich zum ersten Mal in dieser Woche – auf dem Boden der Dusche sitzend. Denn im Stehen zu duschen, war die ganze Zeit eine viel zu große Kraftanstrengung gewesen.

„*Es gibt keine Regel. Nur in meinem Kopf,*" *sagte sie sich dabei langsam. Und das war der Wendepunkt in ihrer Depression.*

Einige Wochen später konnte sie das Geschirr wieder ganz normal mit der Hand vorspülen, bevor sie es in die Spülmaschine stellte. Sie konnte es anschließend wieder in die Schränke stellen, und sie konnte auch wieder regelmäßig duschen, und zwar im Stehen.

Wir stehen uns mit unseren unerbittlichen Anforderungen uns selbst gegenüber in schwierigen Zeiten selbst im Weg und verschlimmern unsere Situation dadurch noch. Es ist ja gut und richtig, diese Anforderungen in normalen Zeiten auch erfüllen zu wollen. Aber es gibt Zeiten – und eine Depression gehört definitiv dazu – da müssen diese Anforderungen heruntergeschraubt werden, bis wieder genügend Kraft und Energie dafür da ist. Mit einem gebrochenen Bein müssten Sie ja auch kürzertreten. Mit einer Lungenentzündung ebenfalls. Und da würden Sie das auch sofort einsehen, und Ihr Umfeld auch.

Bitte machen Sie sich aber klar: Eine Depression ist ebenfalls eine Krankheit, und wenn Sie sich nicht schonen, bis Sie wieder Ihre Kraft und Energie zurückhaben, schaden Sie Ihrer Gesundheit und richten viel Schaden an!

Und nun gehen Sie bitte noch einmal zurück ins vorherige Kapitel, zu Ihrer Liste mit Verpflichtungen, und setzen die Punkte in Klammern, die Sie in den nächsten drei Wochen abgeben, abspecken oder aufschieben können.

Was ist der Sinn dieser Übung?

Sie soll Ihnen zeigen, dass während einer beginnenden Depression andere Maßstäbe gelten, als Sie sonst gerne an sich anlegen. Mit gebrochenem Bein MUSS man sich nun mal schonen, es hilft doch alles nichts! Die täglichen Laufrunden fürs Marathontraining sind eben erst einmal zwangsläufig gestrichen. Die können Sie nach Ihrer Genesung wieder aufnehmen, jetzt würden Sie damit die Heilung verhindern – dieses Kapitel sollte Ihnen dies klarmachen. Und das Durchgehen Ihrer Verpflichtungsliste (idealerweise zusammen mit einem Menschen, dem Sie sich anvertrauen können) soll Sie ganz konkret entlasten – durch das Einklammern aller Punkte, die Sie für einige Wochen delegieren, abspecken oder aussetzen können.

Das wird Ihre Depression womöglich zwar erstmal nicht bessern. Aber es könnte verhindern, dass sie sich verschlechtert.

Ja, natürlich ist es gut und wichtig, den Tag zu strukturieren, gerade auch während einer Depression. Sie sollten durchaus einen roten Zeitfaden haben, an dem Sie sich jeden Tag entlanghangeln können. Aber den Tag mit Verpflichtungen zu strukturieren, die Sie momentan einfach überfordern, ist kein Teil der Lösung.

SCHRITT NR. 3

DIE STIMMUNGS-SKALA

Lassen Sie uns mal drei Wochen lang schwarz auf weiß festhalten, wie viele gute und wie viele schlechte Tage Sie momentan haben, und lassen Sie uns schauen, ob wir einen Trend erkennen können.

■■

Kein Wissenschaftler käme auf die Idee, sich auf sein Gedächtnis zu verlassen, wenn es um Zahlen und Daten geht, die er erhebt. Und noch viel weniger würde er sich auf sein Gefühl verlassen. Geschweige denn, auf sein Gedächtnis. Denn das ist kein guter, neutraler Zeuge, sondern abhängig von Tagesform und Stimmung.

Und das gilt erst recht in einer Depression. Denn die hat grundsätzlich gute und schlechte Tage. Und an schlechten Tagen haben Sie das Gefühl, es wäre Ihnen noch nie wirklich gut gegangen, und als würde es Ihnen auch nie wieder gut gehen. Alles ist hoffnungslos, alles ist sinnlos. Sie versuchen sich, an gute Zeiten zu erinnern, und rückblickend scheint es Ihnen so, als hätten Sie sich damals nur etwas vorgemacht. „Das waren gar keine guten Zeiten", sagt Ihr von der schlechten Stimmung korrumpiertes Gedächtnis. „Da habe ich mir nur etwas vorgemacht. Das Leben war damals schon genauso sinnlos wie jetzt. Das Leben ist ein Jammertal, und da werde ich auch nie wieder herauskommen!"

Einen Tag später haben Sie womöglich wieder einen guten Tag. Und nun sagt Ihnen Ihr Gedächtnis etwas ganz anderes – wendet dies aber trotzdem gegen Sie: „Depression, so ein Quatsch. Du stellst dich einfach nur an, du Memme. Dir geht es doch gut. Du redest dir diesen Unsinn einfach nur ein! Du musst dich einfach nur mehr zusammenreißen und mit dem Gejammer aufhören. Ich will nichts mehr von dem dummen Geschwätz von wegen Depression hören!"

Durch diese inneren negativen Dialoge sind sogar gute Tage keine guten Tage, und Sie wissen bald nicht mehr, was Sie denn nun glauben sollen: Haben Sie nun eine Depression, oder stellen Sie sich nur an? Wird es allmählich besser oder eher schlechter? Sie wissen nur eins: Ihr Selbstwertgefühl wird immer schlechter, und die Hoffnungslosigkeit wird zu Ihrem ständigen Begleiter.

Daten und Fakten statt Fake News

Aus genau diesem Grund kann nur ein Stimmungskalender mehr Objektivität in dieses emotionale Durcheinander bringen. Darum arbeiten sehr viele Kliniken und sehr viele Therapeuten mit Stimmungsskalen – um einen Trend erkennen zu können, um nach Zusammenhängen zu suchen und natürlich auch als Erfolgskontrolle einer Therapie.

Ein Stimmungskalender ist aber generell ein so wirkungsvolles Instrument und ist auch außerhalb einer depressiven Phase so sinnvoll und nützlich, dass es heutzutage unzählige Apps dafür gibt. Sie können sich davon irgendeine aussuchen, oder Sie nutzen erst einmal den Stimmungskalender auf den folgenden Seiten.

Bei der Skalierung gibt es mehrere Möglichkeiten. Gängig ist beispielsweise eine Skala von 1-10; allerdings finde ich persönlich eine Skala sinnvoller (und verwende diese auch in meinen Psychotherapien), die einen neutralen Nullpunkt festlegt und von dort aus 5 Stufen nach oben bzw. 5 Stufen nach unten geht – für eine positive Stimmung bzw. für eine negative Stimmung. Ich finde dies einfach anschaulicher, da man ja eben guter und schlechter Stimmung sein kann, also sollte auch die Stimmungsskala von einem neutralen Nullpunkt ausgehen, und von dort eben Ausschläge nach oben und nach unten zulassen.

Außerdem können Sie damit – wenn Sie die Depression überwunden haben – sehr gut Ihre „Grundstimmung" herausfinden. Jeder Mensch oszilliert in normalen, depressionsfreien Phasen nämlich um einen bestimmten Wert herum, und pendelt sich dort immer wieder ein. Bei manchen Menschen ist es der Neutral-Nullpunkt, bei anderen +1 oder -1. Wenn Sie Ihre depressive Phase überwunden haben, können Sie herausfinden, welcher Wert es bei Ihnen ist. Diesen Wert kann man auf lange Sicht ein wenig nach oben verschieben, aber dies geschieht dann nur langsam.

Und momentan haben wir ja auch ein ganz anderes Ziel: Wir wollen jetzt erst einmal objektiv herausfinden, wie es Ihnen geht. Wie viele gute und wie viele schlechte Tage Sie haben. Ob es tendenziell eher noch schlimmer wird, oder ob es bereits wieder ganz leicht aufwärtsgeht. Und wir wollen auch herausfinden, ob Ihre Stimmung auch innerhalb eines Tages in größerem Ausmaß schwankt. Ob es vielleicht morgens besonders schlimm ist, und dann im Laufe des Tages besser wird. Oder ob Sie nachts mit Grübelspiralen wach liegen, und es Ihnen dann auch besonders schlecht geht.

Hierfür tragen Sie bitte auf den folgenden Seiten ein, wo sich Ihre Stimmung am jeweiligen Tag überwiegend befand. Und wenn es Ausreißer gab, also wenn es Ihnen am entsprechenden Tag kurzzeitig mal besonders gut oder besonders schlecht ging, dann tragen Sie das bitte ebenfalls ein.

Zusammenhänge erkennen

Aber das ist noch nicht alles, was der Stimmungskalender uns an Informationen liefern kann. Besonders interessant ist es natürlich, Zusammenhänge zu erkennen –

zwischen einzelnen Geschehnissen und Ihrer Stimmung. Solchen Zusammenhängen versucht man natürlich vor allem in einer Psychotherapie auf die Schliche zu kommen. Aber mit Hilfe des Stimmungskalenders können Sie dies womöglich auch schon einmal für sich alleine herausfinden.

Wenn Sie zum Beispiel feststellen, dass es Ihnen immer dann etwas besser geht, wenn Sie ein paar Stunden zuvor einen längeren Spaziergang gemacht haben – dann haben Sie eine sehr wertvolle Information gewonnen. Ebenso, wenn Sie feststellen, dass es Ihnen jedes Mal dann besonders schlecht geht, wenn Sie auf der Arbeit wieder eine Besprechung mit Ihrer nervigen Kollegin hatten, und sie Sie wieder mal über den Tisch gezogen hat.

Hierfür tragen Sie in den nächsten drei Wochen bitte täglich auf den nächsten Seiten Ihre Stimmung ein – und schreiben auf der rechten Seite in Stichworten die besonderen Vorkommnisse des entsprechenden Tages ein. Bitte kommen Sie in den nächsten drei Wochen immer wieder zu dieser Aufgabe zurück. Unterschätzen Sie nicht die große Aussagekraft und auch nicht die therapeutische Wirkung, die das haben kann.

Woche 1

Tragen Sie hier bitte für die erste Woche Ihre Werte ein. Vom Neutralpunkt 0 ausgehend, wo lag Ihre Stimmung am jeweiligen Tag überwiegend? Zeichnen Sie zusätzlich auch Ausreißer während des Tages ein.

	Tag 1	Tag 2	Tag 3	Tag 4	Tag 5	Tag 6	Tag 7
5							
4							
3							
2							
1							
0							
-1							
-2							
-3							
-4							
-5							

Tragen Sie hier bitte ein, welche besonderen Ereignisse es am jeweiligen Tag gab. Wir wollen Zusammenhänge zu Ihrer Stimmung finden:

Tag 1: _____

_____

Tag 2: _____

_____

Tag 3: _____

_____

Tag 4: _____

_____

Tag 5: _____

_____

Tag 6: _____

_____

Tag 7: _____

_____

Woche 2

Tragen Sie hier bitte für die erste Woche Ihre Werte ein. Vom Neutralpunkt 0 ausgehend, wo lag Ihre Stimmung am jeweiligen Tag überwiegend? Zeichnen Sie zusätzlich auch Ausreißer während des Tages ein.

	Tag 1	Tag 2	Tag 3	Tag 4	Tag 5	Tag 6	Tag 7
5							
4							
3							
2							
1							
0							
-1							
-2							
-3							
-4							
-5							

Tragen Sie hier bitte ein, welche besonderen Ereignisse es am jeweiligen Tag gab. Wir wollen Zusammenhänge zu Ihrer Stimmung finden:

Tag 1: _____

_____

Tag 2: _____

_____

Tag 3: _____

_____

Tag 4: _____

_____

Tag 5: _____

_____

Tag 6: _____

_____

Tag 7: _____

_____

Woche 3

Tragen Sie hier bitte für die erste Woche Ihre Werte ein. Vom Neutralpunkt 0 ausgehend, wo lag Ihre Stimmung am jeweiligen Tag überwiegend? Zeichnen Sie zusätzlich auch Ausreißer während des Tages ein.

	Tag 1	Tag 2	Tag 3	Tag 4	Tag 5	Tag 6	Tag 7
5							
4							
3							
2							
1							
0							
-1							
-2							
-3							
-4							
-5							

Tragen Sie hier bitte ein, welche besonderen Ereignisse es am jeweiligen Tag gab. Wir wollen Zusammenhänge zu Ihrer Stimmung finden:

Tag 1: _____

_____

Tag 2: _____

_____

Tag 3: _____

_____

Tag 4: _____

_____

Tag 5: _____

_____

Tag 6: _____

_____

Tag 7: _____

_____

Und? Konnten Sie sich ein wenig auf die Schliche kommen? Konnten Sie einige Zusammenhänge finden?

Hier zeigen sich jetzt leider wieder einmal die Grenzen eines Buches. In der Psychotherapie könnten wir jetzt richtig gut in die Tiefe gehen. Wir könnten gemeinsam Ihren Stimmungskalender durchgehen und Zusammenhänge finden. Sie würden mir zudem von Ihren Alltagsereignissen erzählen, und ich würde Sie auf Dinge aufmerksam machen, die Sie aufgrund der typischen und ganz normalen „Betriebsbrille" nicht sehen können.

Aber wir haben ja auch schon besprochen, dass dieses Buch vor allem als Ergänzung zu einer Psychotherapie oder in der Wartezeit darauf Sinn macht – Ihr Stimmungskalender kann also durchaus noch wertvolle Dienste leisten, wenn Sie ihn demnächst in Ihren Psychotherapiestunden vorlegen können.

Davon abgesehen hat es seinen Grund, dass mehr und mehr Gesundheits-Apps und Smart-Watches auch ganz ohne Depression einen täglichen Stimmungskalender anbieten, denn auch für psychisch vollkommen gesunde Menschen bietet er wertvolle Einblicke in Zusammenhänge, die ansonsten im Dunkeln bleiben würden.

Sie können wirklich davon profitieren, wenn Sie das tägliche Protokollieren Ihrer Stimmung und das Verknüpfen mit den Geschehnissen des Tages über viele Jahre hinweg zu einer täglichen Routine machen.

SCHRITT NR. 4

KEIN SCHADENS-BERICHT OHNE UNFALLSKIZZE

Ein Bild sagt mehr als tausend Worte, heißt es bekanntlich. Und oft gibt es uns sogar Informationen und Einblicke, die uns selbst überraschen. Und das, obwohl wir es selbst skizziert haben. Wie geht das?

■■

Bisher haben wir vor allem Ihren logischen Verstand benutzt, damit Sie mit Listen und Tabellen ein wenig mehr über den Druck erfahren, dem Sie derzeit ausgesetzt sind, oder den Sie sich eventuell gewohnheitsmäßig auch selbst machen. Denn viele Depressionen sind auch einfach Erschöpfungsdepressionen.

In der Psychotherapie hätte man da natürlich ganz andere Möglichkeiten, viel mehr in die Tiefe zu gehen und die für Sie genau richtigen Fragen zu stellen. Ich habe ja bereits in der Einführung darauf hingewiesen: Dieses Buch allein reicht bei einer waschechten Depression nicht aus. Ich kann hier ja nur allgemeingültige Impulse geben, die auf möglichst viele Menschen zutreffen. Das eine oder andere Kapitel passt dann womöglich nicht zu Ihnen, und auf Ihre individuelle Situation kann ich ebenfalls nicht eingehen. Dies geht eben leider nur in einer Psychotherapie, das kann kein Buch bewerkstelligen. Es kann also nur ein überbrückendes Hilfsmittel bis zu einer Psychotherapie sein, in der man viel, viel tiefer gehen kann. Und vor allem: in der man ganz genau auf Sie persönlich und Ihre einzigartige Situation eingehen kann. Das sind alles Dinge, die ein Buch nicht leisten kann. Aber ich gebe mein Bestes.

Und jetzt wechseln wir einmal die Gehirnhälfte und verlassen das rationale, logische Denken mit Listen und Tabellen. Stattdessen wenden wir uns nun in diesem Kapitel einmal den Bildern und Symbolen der kreativen rechten Gehirnhälfte zu, um etwas über die Hintergründe Ihrer Depression zu erfahren und über die Dinge, die Sie belasten. Ihre Baustellen.

Wir machen es somit wie eine Haftpflichtversicherung, die nach einem Autounfall vor der Schadensregulierung erst einmal die ganzen Daten und Fakten abfragt. Und dann verlangt das Formular von Ihnen plötzlich: „Zeichnen Sie jetzt bitte den Unfallhergang als Skizze auf." Was denn, wie bitte?! Zeichnen?! Hilfe!

Ja: weil eine Zeichnung nochmal zusätzliche Informationen liefert, die mit Worten einfach nicht greifbar gemacht werden können. Darum kann es sich kaum ein Schadensbericht leisten, auf eine Skizze zu verzichten.

Und das gilt umso mehr für die komplexe, unübersichtliche Ausgangssituation einer Depression. Bitte führen Sie darum die Aufgabe, die ich Ihnen jetzt stelle, auch tatsächlich durch, denn der Erkenntnisgewinn wird Sie überraschen.

Also: Bitte nehmen Sie den Bleistift und zeichnen Sie auf den freien Seiten am Ende dieses Kapitels quasi als Skizze zu Ihrem persönlichen „Schadensbericht" Ihre aktuelle Situation auf. Wie sehen Sie Ihre momentane Lage? Was, denken Sie, hat Sie in diese Lage gebracht? Wie sind Sie dahin gekommen, wo Sie jetzt sind? Was sind Ihre Baustellen?

Sie können nicht zeichnen? Das können die wenigsten, die von ihrer Haftpflichtversicherung gebeten werden, eine Unfallskizze zu machen. Und darum geht es auch gar nicht. Zeichnen Sie ruhig Strichmännchen. Es gibt keine Regeln, es braucht nicht schön zu sein, und noch nicht einmal verständlich für andere, denn außer Ihnen wird dies ja nie jemand zu sehen bekommen. Hauptsache, SIE wissen, was ihre Skizze bedeuten soll.

Und Sie werden merken: Bereits das Nachdenken darüber, wie Sie Ihre Situation zeichnen könnten, welche Symbole und Bilder Sie dafür am besten verwenden könnten, bringt Ihnen bereits einige womöglich auch wirklich neue Einsichten in Ihre Situation. Und vielleicht erkennen Sie auch erste Zusammenhänge, die Ihnen zuvor nicht so ganz klar waren.

Versuchen Sie, nicht zu viel nachzudenken, achten Sie lieber darauf, welche Bilder ganz von alleine in Ihnen aufsteigen. Überlegen Sie, was Sie zum Thema machen und in Bilder fassen wollen: Ihre psychische Situation? Den Weg dorthin? Ihre Baustellen? Ihre Befürchtungen?

Versuchen Sie auch nicht, es perfekt zu machen, sondern fangen Sie einfach an. So ein weißes Blatt Papier kann sehr einschüchternd wirken, kann geradezu lähmen. Der Ausweg ist, einfach anzufangen! Das geht ja umso leichter, da Sie ja mit Bleistift zeichnen werden. Und es gibt schließlich auch so etwas wie einen Radiergummi. Das ist ein großer Vorteil, denn im Leben gibt es den bekanntlich nicht: Leben ist Zeichnen ohne Radiergummi. Nutzen Sie also die Gelegenheit, dass Sie in diesem Fall Ihre Zeichnung ja jederzeit korrigieren können – und zeichnen Sie einfach spontan drauflos.

Das Unbewusste spricht in Bildern – und so bekommen Sie vielleicht Impulse aus tieferen Schichten, die Sie sonst nicht bekommen hätten. Lassen Sie Ihre Skizze daher ruhig ein paar Tage auf sich wirken, kehren Sie immer wieder mal zu ihr zurück und überlegen Sie sich, ob

Sie noch etwas ergänzen wollen. Vielleicht träumen Sie sogar davon.

Und dann überlegen Sie sich, was Sie an dem Bild verändern müssten, um sich besser zu fühlen. Möglicherweise nur eine kleine Änderung – ein zusätzlicher Protagonist, ein Zaun, ein Schutzschild, ein Regenschirm, vielleicht auch etwas Kreativeres wie ein Zauberstab. Oder Sie möchten das Bild nach einigen Tagen Denkzeit womöglich komplett neu zeichnen. Darum habe ich Ihnen nachfolgend vier Seiten frei gelassen – also jede Menge Platz für jede Menge Erkenntnisse!

Zugegeben, diese Übung wird im Rahmen einer Psychotherapie natürlich um einiges wirkungsvoller. Da würde man Ihre Zeichnung dann intensiv besprechen, und Sie an die unbewusste Symbolik heranführen, bis Ihnen manche Zusammenhänge klar werden, die Ihnen zuvor nicht klar waren.

Aber da wir uns hier nicht in einer psychotherapeutischen Situation befinden, sondern mit den Beschränkungen abfinden müssen, die ein Buch nun einmal zwangsläufig mit sich bringt, sind Sie mit dieser Übung auf sich allein gestellt. Aber geben Sie ihr bitte trotzdem eine Chance auf ganz neue Erkenntnisse!

ÜBUNG: ZEICHNEN SIE IHRE SITUATION

SCHRITT NR. 5

DIE LISTE DER ANGENEHMEN MOMENTE

Ja, mir ist bewusst, dass es derzeit nicht viele positive Ereignisse in Ihrem Leben gibt. Aber mit einigen Tricks bekommen wir auch eine solche Liste gefüllt. Der Sinn dahinter: sich nach längerer Zeit gedanklich überhaupt erst wieder behutsam mit positiven Dingen befassen.

■■

Wir haben uns ja schon ausführlich über die Liste mit Ihren Verpflichtungen unterhalten. Es somit nur fair und gerecht, dass wir nun zum Ausgleich auch einmal eine positive Liste erstellen.

Dass Ihnen dazu wahrscheinlich erst mal nur sehr wenig einfällt, ist zu erwarten und auch völlig in Ordnung. Wichtig ist es trotzdem, dass wir uns jetzt auch einmal mit den Dingen beschäftigen, die Ihnen in Ihrem Leben schon einmal gutgetan haben – selbst wenn es nur kurze Momente waren.

Denn genau danach suchen wir nun tatsächlich: nach kurzen schönen Momenten. Und wenn Sie davon momentan in Ihrem Tagesverlauf keine finden können, dann suchen Sie bitte nach Momenten, die Sie FRÜHER als kurzen, angenehmen Augenblick bezeichnet hätten. Sie werden solche Momente auch wirklich wieder genießen können, nur eben nicht jetzt. Das ist in Ordnung! Mit einem gebrochenen Bein werden Sie auch wieder gehen können, nur eben nicht jetzt. Vertrauen Sie dem Heilungsprozess!

Was ist der Sinn dieser Übung?

Ihr Gehirn ist momentan komplett auf das Wahrnehmen negativer Dinge und trüber Gedanken programmiert. Das Problem dabei: unser Gehirn ist so strukturiert, dass aus einzelnen Gedanken, die sich zunächst wie kaum sichtbare einzelne Spuren durch ein Getreidefeld bahnen, recht schnell ausgetretene Trampelpfade und schließlich viel benutzte Gedankenautobahnen werden. Will heißen: Negative Gedanken können ganz schnell zur (schlechten) Gewohnheit werden, die man plötzlich gar nicht mehr so einfach ablegen kann.

Hinzu kommt: je häufiger man etwas macht, desto geübter wird man darin – schließlich wird man geradezu zum Profi. Das gilt leider auch für negative Gedanken. Wenn Sie darin schon viele Monate oder sogar Jahre Übung haben, dann sind Sie inzwischen einfach verdammt gut darin. Während Sie womöglich wenig bis gar keine Übung darin haben, sich positive Gedanken, Vorstellungen und Gefühle zu machen, und dementsprechend sind Sie da auch (noch) ein blutiger Anfänger.

Darum dieses Kapitel, darum diese Übung. Wir wollen einfach üben, zur Abwechslung mal nicht schwarzzumalen, sondern ein kleines bißchen Farbe zu sehen. Und ja, das wird Ihnen gerade jetzt sehr schwerfallen. Aber das ist in Ordnung. Lassen Sie sich davon bitte nicht entmutigen. Sehen Sie es als Pflichtübung wie Liegestütze: Wenn man das lange nicht mehr gemacht hat (oder vielleicht sogar noch nie gekonnt hat), ist es anstrengend und macht keinen Spaß. Aber es bringt trotzdem etwas.

Also: ran ans Werk! Machen wir uns an Ihre Positivliste der „schönen Momente". Wie gesagt: Mir ist bewusst, dass Sie momentan eher keine positiven Dinge in Ihrem Leben finden können. Dann setzen Sie auf diese Liste erst einmal nur Dinge, die Sie früher gerne gemacht oder gerne erlebt haben.

Ich möchte Ihnen zunächst einige Beispiele für schöne Momente nennen. Es sind erst einmal ganz bewusst nur Kleinigkeiten, damit Sie verinnerlichen, dass es hier nicht um große Dinge wie einen Karibikurlaub geht. Das kann natürlich auch auf diese Liste mit drauf kommen, aber viele kleine schöne Momente machen eben in der Summe auch einen ganzen Batzen an Lebensqualität. Vorausgesetzt, man lernt, auf solche kleinen Dinge zu achten.

Worüber reden wir also? Es sind Situationen wie diese:

- Sich fit und leistungsfähig fühlen (ja, geht momentan nicht, das ist mir bewusst. Aber dieses Gefühl ist ein schöner Moment, und Sie werden ihn nach Ihrer Genesung wieder erleben).

- Falls Sie Kinder haben: Diese fröhlich spielen sehen (ja, in einer Depression können Sie sich auch daran nicht freuen, und haben deswegen wahrscheinlich sogar Schuldgefühle. Aber das ist ein normales Symptom einer Depression und wird nicht so bleiben).

- Ausschlafen können, ohne dass der Wecker klingelt (das ist ein Punkt, der durch die typische Antriebslosigkeit in der Depression wohl zum einen tatsächlich als positiver Moment nachvollziehbar ist. Zum anderen gehört in der Depression allerdings auch oft das Aufwachen zu einem der schlimmsten Momente des Tages, denn in der Depression ist oft das „Morgentief" typisch).

- Friedlich schlafende Haustiere beobachten (wenn Sie Haustiere haben, wissen Sie, warum dieser Punkt als „schöner Moment" zählt, was Sie nicht nachvollziehen können wenn Sie nicht der Typ für Haustiere sind – dann streichen Sie diesen Punkt für sich einfach).

- Natur erleben (zum Beispiel ein Sonnenuntergang an einem See, eine laue Sommernacht mit leisem Grillenzirpen, oder Regen, der an die Dachfenster prasselt – manchmal gelingt es Ihnen sogar in der Depression, die Schönheit solcher Momente wahrzunehmen).

- Mit Freunden zusammensitzen und über alles Mögliche sprechen (in der Depression ziehen sich allerdings auch extravertierte Menschen lieber zurück, woran Sie auch sehen können, dass es tatsächlich eine Krankheit ist. Auch in der Tierwelt sondern sich kranke Herdenmitglieder üblicherweise ab, und sie werden erst wieder gesellig, wenn sie wieder gesund sind).

- Ihre Lieblingsserie oder ein guter Film warten auf Sie (ja, das können auch depressive Menschen genießen – leider machen sich die meisten diese Gelegenheit zum Aufatmen und Energietanken selbst wieder kaputt, weil sie dabei ein schlechtes Gewissen haben: „Ich kann doch nicht stundenlang herumliegen und nichts tun!" – doch, Sie können! In der akuten Depression ist alles erlaubt, was Ihnen guttut! Lassen Sie sich nichts anderes einreden!).

- Tiefe Gespräche mit einem lieben Menschen (falls Ihnen auch das in der Depression zu schwerfällt, sondern Sie vorziehen, für sich zu sein, dann ist das auch völlig in Ordnung. Wie gesagt, machen Sie genau das, was Ihnen guttut, Sie haben in der Depression die uneingeschränkte Generalerlaubnis dazu. In einer Psychotherapie würde man Sie genau darin unterstützen, denn die Schuldgefühle, die eine Depression oft begleiten, verlängern und verstärken sie völlig unnötigerweise).

Welchen Sinn hat diese Übung?

Vermutlich beschäftigen Sie sich schon seit Wochen oder wahrscheinlich sogar seit Monaten nur noch mit negativen Gedanken. Es ist zu einer Angewohnheit geworden, die Ihnen nicht guttut, denn sie nährt die Depression.

Diese Übung soll Sie wieder ganz behutsam dazu anleiten, auch wieder nach positiven Dingen Ausschau zu halten, selbst dann, wenn Sie diesen Dingen und Situationen momentan nichts abgewinnen können. Das ist in einer Depression völlig normal. Aber Sie können diese potenziell schönen Dinge und Situationen trotzdem aufschreiben. Es geht momentan einfach nur darum, danach zu suchen, gerne momentan noch rein hypothetisch. Liegestütze scheinen zu Beginn eines Trainingsplans irgendwie ja auch nur rein hypothetisch – und wirken trotzdem bereits.

Außerdem werden wir mit dieser Liste der schönen Momente in den folgenden Kapiteln weiterarbeiten.

Übung: Die Liste schöner Momente

1. ....
2. ....
3. ....
4. ....
5. ....
6. ....
7. ....
8. ....
9. ....
10. ....
11. ....
12. ....
13. ....
14. ....

15……………………………………………………………
16……………………………………………………………
17……………………………………………………………
18……………………………………………………………
19……………………………………………………………
20……………………………………………………………
21……………………………………………………………
22……………………………………………………………
23……………………………………………………………
24……………………………………………………………
25……………………………………………………………
26……………………………………………………………
27……………………………………………………………
28……………………………………………………………
29……………………………………………………………
30……………………………………………………………

31..

32..

33..

34..

35..

36..

37..

38..

39..

40..

41..

42..

43..

44..

45..

46……………………………………………

47……………………………………………

48……………………………………………

49……………………………………………

50……………………………………………

51……………………………………………

52……………………………………………

53……………………………………………

54……………………………………………

55……………………………………………

56……………………………………………

57……………………………………………

58……………………………………………

59……………………………………………

60……………………………………………

SCHRITT NR. 6

HABEN SIE IHREN AKKU TIEFENTLADEN?

Was haben Sie denn mit einer Powerbank gemeinsam, mit der man Handys, Tablets & Co aufladen kann? Viel mehr, als Sie wahrscheinlich denken!

■■

Viele Menschen versuchen, ein Naturgesetz zu brechen. Sie versuchen, aus ihrer Powerbank mehr herauszuholen, also sie zuvor hineingesteckt haben. Sie schließen all ihre Handys, Laptops, Tablets an eine starke Powerbank an, die auch ihr Bestes gibt, um diese Geräte mit seiner Energie wieder aufzuladen.

Aber natürlich wird der Akkustand dabei immer leerer. Es wird also irgendwann Zeit, die Powerbank wieder an die Steckdose zu hängen, um sie wieder aufzuladen.

„Nein, das geht noch nicht, erst müssen die angehängten Geräte voll sein, dann kann die Powerbank wieder an die Steckdose." Der Akkustand beträgt aber nur noch fünf Prozent. „Egal! Die angeschlossenen Geräte müssen erst voll werden, dafür ist eine Powerbank doch da!" Aber die ist schließlich bei null Prozent angekommen und streikt, und muss dann schließlich doch fluchend in die Steckdose gesteckt werden.

Was passiert mit einer Powerbank, die Sie regelmäßig so behandeln? Richtig, sie nimmt Schaden, und ihre Leistung wird immer schlechter. Wie behandelt man eine Powerbank denn richtig, um sie möglichst lange möglichst leistungsfähig zu halten?

Na klar, das ist doch allgemein bekannt: Man sollte sie regelmäßig aufladen, ohne sie zu überladen, und auf gar keinen Fall sollte sie regelmäßig leer gefahren werden. Idealerweise hält man seine Powerbank also zwischen 30 und 70 %. Na gut, 20 % und 80 % sind auch noch ok. Aber zu voll und zu leer schädigen eine Powerbank, darum sollte man darauf achten, dass genau dies nicht geschieht.

Nun, wie gehen Sie denn mit sich selbst als Powerbank um? Sie vermuten, womöglich eine Depression zu haben, also vermute ich wiederum, Ihr Akkustand wird nicht unbedingt 80 % betragen. Eher 10 % – oder sogar noch niedriger?

Was sollten Sie also tun? Richtig, Ihre Powerstation sollte ganz schnell wieder an die nächste Steckdose angeschlossen werden. Nur wenn das möglich ist, können auch die an die Powerstation angeschlossenen Geräte weiter geladen werden, ansonsten müssen diese Geräte unbedingt vorübergehend entfernt werden. Ganz einfaches physikalisches Gesetz: Ich kann das weitere Entleeren einer Powerstation verhindern, indem ich entweder die daran angeschlossenen Geräte entferne. Oder indem ich sie zum Aufladen an die Steckdose anschließe.

Und wie haben Sie sich in den letzten Wochen oder Monaten verhalten? Gehen Sie bitte einmal zurück zum ersten Kapitel dieses Buchs. Da haben wir uns angeschaut, welche Verpflichtungen und Erwartungen derzeit an Sie gestellt werden. Sind das alles Dinge, die Ihren Akku leer saugen? Das ist nicht unbedingt der Fall. Zum Beispiel könnte es sein, dass Sie einen Hund haben, mit dem Sie natürlich täglich Gassi gehen – ganz klare Verpflichtung. Aber womöglich machen Sie das gerne und freuen sich jeden Tag darauf. Dann zieht das Ihren Akku natürlich nicht leer, sondern füllt ihn sogar. Wobei aber vermutlich tatsächlich das meiste auf Ihrer Liste aus Kapitel Eins Ihren Akku eher leert.

Und wie sieht es mit der Liste der schönen Momente aus dem vorherigen Kapitel aus? Vermutlich eignen sich die meisten Punkte als schönes Gegengewicht und können Ihren Akku ein klein wenig füllen. Und Sie kennen es ja aus dem täglichen Leben: Auch wenn man den Akku immer nur zwischendurch für einige Minuten an die

Steckdose hängt, kann man eine Entladung über den Tag hinweg verhindern. Vorausgesetzt natürlich, man gönnt dem Akku wirklich immer mal wieder kurz die Erholung an der Steckdose.

Und genau darum geht es: Halten Sie Ihren Akku zumindest immer halb voll.

Gerade wenn Sie viele Verpflichtungen haben, gerade wenn Sie gerne für andere da sind, ist es nicht nur Ihr RECHT, sondern geradezu Ihre PFLICHT, Ihren Akku regelmäßig wieder aufzufüllen. Denn ein physikalisches Gesetz (und nebenbei bemerkt auch ein psychologisches Gesetz) lautet: Man kann nur das geben, was man hat. Und der Volksmund bestätigt plakativ: Man kann einem nackten Mann nicht in die Tasche greifen.

Und genau das ist ein Grund, warum Sie sich momentan so antriebslos fühlen, so kraftlos und so energielos. Sie können Ihre Verpflichtungen nicht erfüllen? Die Alltagsaufgaben liegen wie ein riesiger Berg vor Ihnen? Sie haben das Gefühl der völligen Überforderung? Natürlich! Selbst Ihr Handy kündigt Ihnen bei niedrigem Akkustand an, dass es jetzt in den Energiesparmodus geht. Und dass es sich nur noch um die allernötigsten Aufgaben kümmern kann.

Und eine Powerbank, die nur noch wenige Prozent Energie hat, aber noch etliche Geräte aufladen soll, kann diese Aufgabe eben nicht mehr erfüllen. Sie geht einfach aus. Nichts geht mehr. Wie in der Depression.

Eine Powerbank muss keineswegs prall gefüllt sein, um Geräte aufladen (= ihre Verpflichtungen erfüllen) zu können. Aber nur ein paar Prozent sind einfach zu wenig. Mehr noch: Wenn Sie Ihre Powerbank zwingen, immer wieder unterhalb 20-30 % Ladestand zu gehen, werden Sie sie dauerhaft schädigen. Halten Sie sie aber immer innerhalb eines optimalen Korridors – nicht zu voll und nicht zu leer – dann wird sie Ihnen viele Jahre gute Dienste leisten und kann in dieser Zeit unzählige Geräte aufladen.

Aber um Ihren Akku innerhalb dieses optimalen Korridors zu halten, ist es notwendig, dass Sie Ihre Verantwortung wahrnehmen und die Kontrolle übernehmen. Und die beginnt mit dem ersten Schritt:

Erkenne Dich selbst!

Es ist absolut wichtig, dass Sie lernen, was Ihren Akku füllt und was ihn leert. Und das bedeutet, es gibt wieder einmal eine Liste zu füllen – bitte gehen Sie jetzt zunächst einmal ans Ende dieses Kapitels und versuchen Sie, so viel zu füllen, wie Ihnen einfällt. Erst, wenn Ihnen nichts mehr einfällt, kommen Sie bitte hierher zurück. Sie bekommen dann auf den nächsten Seiten noch einige Anregungen, wie Sie Ihre Akkuliste noch weiter ergänzen können.

Je ausführlicher Ihre Akkuliste wird, desto eher können Sie sich die Kontrolle darüber zurückholen und dafür sorgen, dass Sie Ihre Powerbank künftig nicht wieder leer fahren.

Anregungen zum Füllen der Liste

Wie gesagt: Sie sollten diese Zeilen erst lesen, nachdem Sie bereits versucht haben, die Liste so gut wie möglich selbst zu füllen. Die Punkte, auf die Sie spontan gekommen sind, haben eine große Relevanz. Und die Chance, diese Punkte als allererstes unverfälscht auf Ihre Akkuliste zu schreiben, sollten Sie also wirklich nutzen.

Fertig? Ihnen fällt definitiv nichts mehr ein? Haben Sie auch schon Ihre Liste mit den schönen Momenten übertragen und die Liste Ihrer Verpflichtungen? Und die Liste Ihrer Baustellen? Alles schon eingetragen? Gut, dann gebe ich Ihnen hier noch einige weitere Anregungen.

Durchforsten Sie einmal die Menschen um sich herum. Da gibt es sicher welche, die Ihren Akku füllen, und welche, die Ihren Akku leeren. Womöglich gibt es auch welche, die auf beide Seiten Ihrer Liste gehören: Denn diese Menschen können Ihren Akku je nach Situation mal füllen, mal leeren.

Und bitte: seien Sie radikal ehrlich mit sich selbst, denn es geht hier nicht darum auf welcher Seite die jeweiligen Menschen Ihrer Meinung nach stehen SOLLTEN. Sondern es geht darum, ob sie Ihren Akku in deren Gegenwart füllen oder leeren können, oder beides.

Ein Beispiel: wenn Sie kleine Kinder haben, fühlen Sie sich wahrscheinlich versucht, diese selbstverständlich nur auf die linke Seite zu schreiben, denn „natürlich füllen Kinder den Akku und leeren ihn nicht!" Was für ein Elternteil wären Sie denn, wenn Sie Ihre Kinder auch auf die rechte Seite schreiben würden?! Ganz klar: Sie wären ein ehrlicher Elternteil … denn NATÜRLICH sind Kinder auch anstrengend und eine Herausforderung, und NATÜRLICH gehören sie deshalb auch auf beide Seiten der Akkuliste!

Sie sehen, es geht hier um das, was IST, und nicht um das, was Sie glauben, das sein SOLLTE. Seien Sie radikal ehrlich, und wenn Sie jemanden, der Ihrer Meinung nach links stehen SOLLTE, der momentan aber ehrlicherweise nur nach rechts gehört, dann schreiben Sie ihn oder sie bitte ganz genau dorthin. Es heißt ja außerdem nicht, dass dieser Mensch dort für alle Ewigkeit stehen wird, denn eine Akkuliste ist nicht in Stein gemeißelt. Sie schreiben immer noch mit Bleistift.

Weitere Anregung zum Füllen der Akkuliste: Was haben Sie denn als Kind gerne gemacht? Wofür haben Sie sich interessiert? Was wollten Sie einmal werden? Womit haben Sie gerne gespielt? Hätten Sie Lust, sich auch als Erwachsener wieder damit zu beschäftigen? Haben Sie zum Beispiel gerne gepuzzelt? Nun, was spricht dagegen, das auch als Erwachsener wieder einmal zu tun? Es gibt auch tolle Puzzle für Erwachsene, sogar in 3D! Und die meditative, entspannende Wirkung von Mandala-Malbüchern für Erwachsene ist vielleicht nicht zu unterschätzen. Oder waren Sie als Kind Feuer und Flamme für Dinosaurier? Dann recherchieren Sie doch einmal, welche Bücher und Filme und Figuren es heute, Jahrzehnte nach Ihrer Obsession, auf diesem Gebiet zu finden gibt. Probieren Sie es doch einfach einmal aus und versuchen Sie, das verspielte, begeisterungsfähige Kind in sich wieder zu neuem Leben zu erwecken! Was würde dieses Kind auf die Akkuliste schreiben wollen?

Sind jetzt noch einige zusätzliche Punkte auf die Akkuliste mit draufgekommen? Gut. Und ich möchte Sie dazu einladen, in den nächsten Wochen immer wieder zu Ihrer Akkuliste zurückzukommen und sie zu ergänzen. Sie kann ein enorm wichtiges Werkzeug werden, das Ihnen helfen wird, wieder zurück in den grünen Bereich zu kommen. Und dauerhaft darin zu bleiben!

Was füllt Ihren Akku?

+ ....
+ ....
+ ....
+ ....
+ ....
+ ....
+ ....
+ ....
+ ....
+ ....
+ ....
+ ....
+ ....

Was leert Ihren Akku?

– ....
– ....
– ....
– ....
– ....
– ....
– ....
– ....
– ....
– ....
– ....
– ....
– ....
– ....

Was füllt Ihren Akku?

+ ....

+ ....

+ ....

+ ....

+ ....

+ ....

+ ....

+ ....

+ ....

+ ....

+ ....

+ ....

+ ....

Was leert Ihren Akku?

–..
–..
–..
–..
–..
–..
–..
–..
–..
–..
–..
–..
–..
–..

SCHRITT NR. 7

HALTEN SIE IHREN TAGESAKKU IN BALANCE

Diese Übung kann lebensverändernd sein und Sie dauerhaft in den grünen Bereich katapultieren. Lesen Sie hier, warum – und wie Sie die hierfür erforderliche Haltungsänderung erreichen können.

■■

Sehr viele Menschen, die zu Depressionen neigen, haben zwei sehr schädliche Grundhaltungen. Die Erste lautet: „Meine Bedürfnisse sind nicht so wichtig. Die der anderen sind wichtiger. Ich selber muss mich zurücknehmen, sonst bin ich kein guter Mensch!" Und die Zweite lautet: „Erst die Arbeit, dann das Vergnügen."

Mit diesen beiden Grundhaltungen ist eine Erschöpfungsdepression fast schon vorprogrammiert. Sie zu ändern, ist darum eine der ganz wesentlichen Säulen in der Psychotherapie der Depression. Hierfür verwende ich somit auch dort sehr gerne die Übung aus diesem Kapitel, die ich dann aber natürlich viel besser begleiten kann, als dies in einem Buch der Fall ist. Hier bin ich also tatsächlich auf Ihre Entschlossenheit angewiesen, wirklich Ihr Leben zum Positiven verändern zu wollen.

Gehen wir aber noch einmal zur Akku-Metapher zurück. Sie verdeutlicht Ihnen eben das absolute Grundprinzip, auf dem nicht nur die Physik, sondern eben auch die Psyche aufbaut: Man kann nur das geben, was man hat. Und gerade wenn man anderen gerne etwas geben möchte, ist man nicht nur berechtigt, sondern geradezu VERPFLICHTET, auch an sich selbst zu denken. Und dafür zu sorgen, dass der Akku der Powerbank nicht tiefenentladen wird, sondern immer möglichst voll gehalten wird. Weil sonst eben ALLE verlieren – Sie selbst UND die Menschen, die Sie eigentlich unterstützen wollen. Denn dafür fehlt Ihnen dann die Energie!

Sie sehen also, Teil 1 Ihrer falschen Grundhaltung haben wir gerade korrigiert: Ihre eigenen Bedürfnisse sind eben NICHT weniger wichtig als die der anderen, sondern GENAUSO WICHTIG!

Und zu Ihrer Befürchtung, kein guter Mensch zu sein, wenn Sie die Bedürfnisse anderer Menschen nicht höher stellen als Ihre eigenen: Es heißt nicht ohne Grund „Liebe deinen Nächsten wie dich selbst" – und nicht, „Liebe deinen Nächsten MEHR als dich selbst". Letzteres ist nämlich alles andere als nachhaltig und führt früher oder später zwangsläufig dazu, dass Sie ausbrennen und dann niemand mehr irgendetwas davon hat – weder Sie selbst noch Ihre Mitmenschen.

Und die Akku-Metapher veranschaulicht Ihnen nun auch, warum das so ist. Denn es handelt sich um nichts Geringeres als um ein Naturgesetz: Man kann nur geben, was man selbst auch hat! Und auch eine Powerbank kann ihre Energie nur dann weitergeben an Handy, Tablet & Co, wenn sie zuvor dafür gesorgt hat, dass sie auch ausreichend Energie aufgeladen hat.

Wie kommt es aber, dass Ihnen diese einfache Gleichung bisher überhaupt nicht bewusst war? Wie kommt es, dass Sie all die Jahre dachten, dass Sie sich eben einfach noch mehr zusammenreißen und Ihre eigenen Bedürfnisse noch stärker unterdrücken müssen? Anstatt zu sehen, dass Sie dadurch mehr und mehr Ihrer Energie verlieren, und somit am Ende weder sich selbst noch den anderen einen Gefallen tun? Wie konnten Sie so etwas offensichtlich nicht auf dem Schirm haben?

Man hat ihnen vermittelt, dass Sie so unzulänglich und so wenig liebenswert sind, dass Sie es sich hart erarbeiten und verdienen müssen, gemocht und akzeptiert zu werden.

Man hat Ihnen vermittelt, dass Sie egoistisch wären, wenn Sie Ihre eigenen Bedürfnisse nicht hinter denen der anderen (die Ihnen das vermittelt haben) zurückstecken.

Und oft wurde sogar noch eins draufgesetzt: Man hat versucht, Ihnen weiszumachen, dass es bereits egoistisch sei, überhaupt eigene Bedürfnisse zu haben.

Warum dies so ist und wer Ihnen dies aus welchem Grund vermittelt hat, wollen wir hier nicht weiter untersuchen – oft werden solche Gedankenfallen, ohne darüber nachzudenken, von Generation zu Generation weitervermittelt, bis irgendwann einer der Betroffenen aufsteht und den unfassbar starken Satz herausruft: „Mit mir endet dies!"

Dies sind aber Gedanken, die zu komplex und speziell sind für ein Buch, das ja möglichst allgemein gehalten werden muss, um auf möglichst viele Leser zutreffen zu können. In einer Psychotherapie könnte man dies nun sehr intensiv und tiefgehend näher beleuchten. Hier beschränken wir uns auf das Wesentliche, und das bedeutet, dass wir nun zur ersten Übung dieses Kapitels kommen:

Bitte nehmen Sie Ihren Bleistift und notieren auf den nächsten Seiten Ihre Energiebilanz der letzten Wochen.

ENERGIEBILANZ DER LETZTEN WOCHEN

Meinen Akku hat in letzter Zeit gefüllt:

+..

+..

+..

+..

+..

+..

+..

+..

+..

+..

+..

+..

+..

Meinen Akku hat in letzter Zeit geleert:

– ....
– ....
– ....
– ....
– ....
– ....
– ....
– ....
– ....
– ....
– ....
– ....
– ....
– ....
– ....

Wie Sie sehen, bin ich jetzt einfach mal davon ausgegangen, dass in den letzten Wochen mehr Dinge ihren Akku geleert haben (= zwei dafür vorgesehene Seiten) als gefüllt („nur" eine dafür vorgesehene Seite).

Denn wenn das nicht der Fall wäre, hätten Sie aktuell wohl auch dieses Buch nicht gebraucht, weil es Ihnen dann nämlich erheblich besser gehen würde. Menschen mit ausgeglichener oder sogar positiver Energiebilanz haben im Regelfall auch seltener eine Depression. Ja, es gibt Ausnahmen, aber die sind – wie alle Ausnahmen – selten. Und in der Medizin gibt es ein Credo, das bereits jeder Medizinstudent lernt: „Das Häufige ist häufig, und das Seltene ist selten".

Und darum kommen wir jetzt zur eigentlichen Übung dieses Kapitels, und zwar einer Übung, die Sie hoffentlich im Laufe der nächsten Wochen und Monate so verinnerlichen werden, dass sie Sie für den Rest Ihres Lebens begleiten wird.

Ich möchte Sie in der Hauptübung dieses Kapitels darum bitten, täglich (!) eine Akkuliste für den jeweiligen Tag zu schreiben und auch über den Tag aktuell zu halten.

Ich habe hierfür am Ende dieses Kapitels einige Seiten mit Blanko-Akkulisten reserviert. Aber eigentlich möchte ich Ihnen empfehlen, noch einen Schritt weiterzugehen, und ihre Tages-Akkuliste jeweils gut sichtbar an zentraler Stelle zu platzieren. So, dass Sie den ganzen Tag über immer mal wieder zwischendurch daran erinnert werden. Wie wäre es zum Beispiel, wenn Sie Ihre Tages-Akkuliste direkt an den Kühlschrank hängen? Dann erinnert es Sie mehrmals täglich daran, Ihren aktuellen Akkustand zu überprüfen – und gibt Ihnen die Gelegenheit, für etwas mehr Gleichgewicht zu sorgen. Haben Sie denn heute schon irgendetwas dafür getan, um Ihren Akku zu füllen, oder hetzen Sie den bisherigen Tag nur wieder mal von Verpflichtung zu Verpflichtung?

Kommen Sie gerade von der Arbeit nach Hause, sind erschöpft und möchten sich gerne einfach erst einmal eine halbe Stunde vor den Fernseher setzen – aber nein, es gibt doch noch so viel zu tun! Der Abwasch steht noch in der Spüle, die Wäsche muss noch in den Schrank geräumt werden, und Abendessen brauchen Sie ja auch noch. Ausruhen? Somit erst einmal unmöglich, denn „erst die Arbeit, dann das Vergnügen!" Oder etwa nicht?

Ein Blick auf Ihre Tages-Akkuliste zeigt Ihnen dann sehr deutlich, dass hier etwas absolut schiefläuft. Da ist noch nicht einmal annähernd ein Gleichgewicht zwischen den beiden Seiten. Die linke Seite mit den Dingen, die Ihren Akku heute aufgefüllt haben, ist leer, dafür ist rechts ein deutliches Übergewicht an den Dingen, die Ihren Akku heute bereits geleert haben. Und dem wollen Sie jetzt noch weitere Dinge hinzufügen? Und da wundern Sie sich tatsächlich über Ihre Erschöpfungsdepression? Vielleicht beginnt Ihnen momentan auch ganz vorsichtig zu dämmern, was Sie in Ihre derzeitige Situation gebracht hat. In der Psychotherapie würden wir uns das jetzt ganz genau anschauen, und zwar ganz genau auf Ihre individuelle Situation bezogen. In einem Buch dagegen kann ich nur ganz allgemeine Impulse geben und muss mich darauf verlassen, dass Sie die weitere Denkarbeit übernehmen. Und ich kann nur einige der üblichen Reaktionen aufgreifen und entkräften, wie zum Beispiel die folgende: „Aber andere Menschen schaffen das doch auch!" Dieser Satz ist so falsch und schädlich, dass ich gar nicht weiß, wo ich damit anfangen soll, ihn zu demontieren. Am besten ich reserviere hierfür ein eigenes Buch – denn dazu gibt es ganz viel zu sagen! Hier möchte ich mich fürs Erste darauf beschränken, Ihnen deutlich zu machen, dass derzeit auch ein ganz besonders unsinniger Moment ist, sich mit anderen zu vergleichen. Denn Sie vermuten ja sogar, dass Sie womöglich gerade in einer Depression stecken könnten.

Achten Sie bitte einfach jeden Tag darauf, dass die linke Seite Ihres Tagesakkus nicht leer bleibt. Und sobald Ihnen etwas einfällt, das Ihren Akku vielleicht ein klitzekleines bisschen füllen kann, dann machen Sie das bitte unbedingt, und zwar BEVOR Sie direkt an die nächste, Akku leersaugende Verpflichtung gehen!

Hier steht also eine komplette Haltungsänderung auf dem Programm. Ziel ist es, dass Sie sich irgendwann bei jeder Tätigkeit ganz automatisch fragen: „Unterm Strich, füllt das meinen Akku oder leert das meinen Akku?" Und Ziel ist es auch, dass Sie die linke Seite Ihrer Tages-Akkuliste nicht länger vernachlässigen, sondern jeden Tag (!) für einen Ausgleich sorgen.

Das heißt selbstverständlich nicht, dass Sie nur noch Dinge machen sollen, die Ihnen Spaß machen und die Ihren Akku füllen. Um Ihre Steuererklärung werden Sie beispielsweise vermutlich kaum drum herumkommen. Aber das braucht man einem so pflichtbewussten Menschen wie Ihnen ganz sicher nicht extra zu sagen.

Bei Ihnen geht es vielmehr darum, Ihnen beizubringen, fünf auch mal gerade sein zu lassen, ohne dass Sie dann von ihrem schlechten Gewissen zerfressen werden, weil man „so etwas" doch nicht macht. „So etwas" wie: auch mal eine Pause machen, wenn Sie erschöpft sind, auch wenn noch irgendetwas auf irgendeiner einer To-do-Liste steht. Auch mal an die eigenen Bedürfnisse denken, um die Leistungsfähigkeit wiederherzustellen und dauerhaft intakt zu halten. Sich auch selbst immer mal wieder etwas Gutes zu tun, um sich motiviert und zufrieden zu halten. Und dadurch am Ende dann auch einfach mehr geschafft zu bekommen – ganz ohne zusammenzuklappen.

Dies alles soll und kann Ihnen die Tages-Akkuliste vor Augen führen. Und sie kann dadurch nach und nach eine echte Haltungsänderung in Ihnen bewirken und Ihr Leben zum Besseren verändern. Aber natürlich nur, wenn Sie diese Übung auch tatsächlich machen.

Also: bitte füllen Sie die heutige Tages-Akkuliste aus, und kehren Sie zu dieser Übung jeden Tag zurück.

Datum:

Meinen Akku hat heute gefüllt:

+..

+..

+..

+..

+..

+..

Meinen Akku hat heute geleert:

–..

–..

–..

–..

–..

–..

Datum:

Meinen Akku hat heute gefüllt:

+..

+..

+..

+..

+..

+..

Meinen Akku hat heute geleert:

–..

–..

–..

–..

–..

–..

Datum:

Meinen Akku hat heute gefüllt:

+……………………………………………………………

+……………………………………………………………

+……………………………………………………………

+……………………………………………………………

+……………………………………………………………

+……………………………………………………………

Meinen Akku hat heute geleert:

–……………………………………………………………

–……………………………………………………………

–……………………………………………………………

–……………………………………………………………

–……………………………………………………………

–……………………………………………………………

Datum:

Meinen Akku hat heute gefüllt:

+..

+..

+..

+..

+..

+..

Meinen Akku hat heute geleert:

–..

–..

–..

–..

–..

–..

Datum:

Meinen Akku hat heute gefüllt:

+..

+..

+..

+..

+..

+..

Meinen Akku hat heute geleert:

−..

−..

−..

−..

−..

−..

Datum:

Meinen Akku hat heute gefüllt:

+..

+..

+..

+..

+..

+..

Meinen Akku hat heute geleert:

–..

–..

–..

–..

–..

–..

Datum:

Meinen Akku hat heute gefüllt:

+..

+..

+..

+..

+..

+..

Meinen Akku hat heute geleert:

–..

–..

–..

–..

–..

–..

SCHRITT NR. 8

TO-DO-LISTEN? OK, ABER BITTE RICHTIG

Was muss wirklich sofort erledigt werden? Was hat Zeit? Was Sie aufschreiben, haben Sie schon einmal raus aus dem Kopf. Jetzt geht es aber noch darum, das Wichtige vom weniger Wichtigen zu trennen.

∎∎

Im ersten Kapitel hatten wir ja bereits Ihre ganzen Verpflichtungen aufgelistet und diejenigen in Klammern gesetzt, die für die nächsten Wochen entweder delegierbar oder zumindest aufschiebbar sind. Damit wollten wir auf alle Fälle schon einmal den Druck herausnehmen, den Sie momentan in Ihrer psychischen Angeschlagenheit wirklich absolut gar nicht gebrauchen können. Jetzt wollen wir aber noch ein bisschen Feinjustierung in die Wege leiten, und Ihre To-do-Liste ein wenig entzerren – indem wir sie dreiteilen. Und als Sahnehäubchen machen wir zum Abschluss auch eine positive To-do-Liste: mit all den SCHÖNEN Dingen, die Sie sich vorgenommen haben, wenn Sie „endlich mal wieder Zeit" haben.

Zücken Sie also bitte wieder Ihren Bleistift, und übertragen Sie Ihre To-do-Liste (oder die Verpflichtungsliste aus dem ersten Kapitel) auf die drei Listen auf der nächsten Seite.

Wie Sie sehen, sind es Prioritätenlisten. Und auf die Prio-Liste 1 schreiben Sie bitte alle Aufgaben, die Sie HEUTE NOCH erledigen oder zumindest beginnen MÜSSEN. Und die Betonung liegt auf MÜSSEN. Da gehören dann die Dinge drauf, die für heute absolut unabdingbar sind, wie den Kindern das Essen zubereiten oder Gassigehen mit dem Hund (falls Sie beides nicht delegieren können).

Auf die Prio-Liste 2 gehören Dinge, die Sie in den nächsten Tagen erledigen MÜSSEN, und auf die Prio-Liste 3 kommt alles andere – das können Sie dann erledigen, wenn Sie wieder etwas mehr Energie haben.

Und was ist mit der „positiven To-do-Liste" mit den schönen Dingen, die Sie immer wieder vor sich herschieben? Nach den Übungen mit den Akkulisten der vorherigen Kapitel sollten Sie sich diese Frage eigentlich selbst beantworten können.

PRIO-LISTE 1

Was MUSS heute noch erledigt werden?

+..

+..

+..

+..

+..

+..

+..

+..

+..

+..

+..

+..

+..

PRIO-LISTE 2

Was MUSS in den nächsten Tagen erledigt werden?

+...

+...

+...

+...

+...

+...

+...

+...

+...

+...

+...

+...

+...

PRIO-LISTE 3

Was ist zu erledigen, wenn Sie wieder Energie haben?

+..

+..

+..

+..

+..

+..

+..

+..

+..

+..

+..

+..

+..

POSITIVE TO-DO-LISTE

Was möchten Sie gerne mal wieder schönes machen?

+..

+..

+..

+..

+..

+..

+..

+..

+..

+..

+..

+..

+..

SCHRITT NR. 9

WIE REDEN SIE EIGENTLICH MIT SICH?

Viele Menschen haben eine innere Stimme, die einen derart ruppigen Ton an sich hat – wenn sie so mit ihren Freunden sprechen würden, hätten sie keine mehr.

■■

Jetzt ist erst einmal genug mit den Listen und Tabellen. Ich möchte nun wieder einmal Ihre Vorstellungskraft und Ihre Fantasie bemühen.

Versetzen Sie sich gedanklich also bitte einmal in folgende Situation: Sie sitzen auf dem Sofa und trinken ein Glas Wein. Beim Abstellen auf den Couchtisch fällt es Ihnen um – und der Rotwein läuft großflächig über den Tisch und tropft aufs Parkett. Da ist nun erst mal Aufwischen angesagt. Und jetzt wird es tatsächlich spannend: mit welchem Dialog im Kopf begleiten Sie die ärgerliche Spurenbeseitigung?

Bei sehr vielen Menschen läuft im Kopf nämlich nun eine ziemlich gnadenlose Schimpfpredigt ab, die sich ungefähr so anhören dürfte: „Du blöder Idiot, bist du zu doof zum Trinken oder was? War ja wieder mal klar, du bist sowas von ungeschickt, es ist nicht auszuhalten mit dir! Du bist einfach zu blöd, du wirst es wohl nie lernen, mit deinen zwei linken Händen irgendwas Sinnvolles hinzubekommen, du Trottel!"

Und wie hätten Sie reagiert, wenn Ihr Partner oder Ihre beste Freundin den Wein verschüttet hätten? Hätten Sie sie genauso behandelt wie sich selbst? Oder wären Sie mit ihnen nachsichtiger gewesen? Falls ja, sollte Ihnen das zu denken geben. Oder anders formuliert: Würden Sie mit jemandem zusammen sein oder auch nur befreundet sein wollen, der andere so behandelt, wie Sie sich selbst behandeln? Wenn nein, wissen Sie, woran Sie dringend zu arbeiten haben.

Denn wenn Sie sich selbst so schlecht behandeln, wie Sie niemanden sonst behandeln würden, wenn Sie sich also selbst Tag für Tag mobben – was, glauben Sie wohl, bedeutet das für Ihr Selbstwertgefühl? Für Ihr Selbstbild, Ihre Lebensfreude, Ihre Leistungsfähigkeit? Was bedeutet es für Ihre Motivation, Ihre Zufriedenheit, Ihre Ausstrahlung?

Die „inneren Stimmen", die fast jeden Menschen den ganzen Tag kommentierend begleiten, sind tiefenpsychologisch gesehen ein Relikt aus unserer Vergangenheit. Zumindest dann, wenn Sie noch keine Ordnung ins Chaos der inneren Stimmen gebracht und diese noch nie hinterfragt, geschweige denn korrigiert haben.

Ich möchte Sie zu einer Übung einladen, die – regelmäßig angewendet – Ihr Leben verändern kann.

Ich möchte Sie bitten, die nächsten Tage immer wieder darauf zu achten, welche Stimmen in Ihrem Kopf auftauchen und wie diese Ihre Handlungen kommentieren. Versuchen Sie, einzelne davon zu identifizieren und bestimmten Personen aus Ihrer Vergangenheit zuzuordnen. Sie werden überrascht sein, wie vielfältig der Chor der Kommentatoren in Ihrem Kopf ist.

Möchten Sie sich zum Beispiel einfach mal kurz hinsetzen und ausruhen, erscheint vielleicht eine belehrende Stimme in Ihrem Kopf, die Sie mit einem scharfen „Müßigkeit ist aller Laster Anfang!" an die vielen Dinge erinnert, die Sie noch zu erledigen haben. Gegen letzteres ist ja gar nichts einzuwenden, aber woher stammt der wertende Anfangssatz, der sofort ein schlechtes Gewissen in Ihnen hochkommen lässt?

Jetzt, wo Sie darüber nachdenken, kommt Ihnen vielleicht Ihre Großmutter in den Sinn, die noch mehr solcher leistungsbezogenen Sprüche auf Lager hatte, samt dem dazugehörigen erhobenen Zeigefinger. Und Ihnen wird bewusst: Sie haben sich diese Sprüche alle zu Herzen genommen. Sie sind in Ihnen eingebrannt und kommen nun immer dann hoch, wenn Sie sich gerade ein wenig entspannen und erholen wollen. Und sie verhindern genau diese Erholung und Entspannung dadurch sehr wirkungsvoll.

Nun haben Sie die Wahl, darüber nachzudenken: Wie stehen Sie zu den Werten dahinter? Passen sie zu Ihnen und Ihrem Leben heute, als erwachsener Mann, als erwachsene Frau? Machen sie Sinn? Möchten Sie sich überhaupt nach diesen Werten ausrichten, ist es etwas, das SIE SELBST wirklich wollen? Oder ist es das Wertesystem Ihrer Großmutter, das Sie nur teilweise oder vielleicht sogar überhaupt nicht teilen?

Und selbst wenn Sie es teilen, muss denn dieser belehrende Tonfall sein? Sie könnten doch auch einfach nur den Inhalt zur Kenntnis nehmen. Und der Stimme, die Sie nun als die Ihrer Großmutter identifiziert haben, freundlich, aber bestimmt in Gedanken sagen: „Danke für den Hinweis, Oma, aber ich bin erwachsen und Du kannst es ruhig mir überlassen, wann ich mal eine Pause machen will. Zumal ich danach mit umso mehr Schwung die liegengebliebenen Dinge erledigen kann."

Erstaunlicherweise reagieren die inneren Stimmen mit der Zeit auf einen solchen Dialog. Sie werden vorsichtiger und achten mehr auf ihre Formulierung. Manche verschwinden sogar ganz, wenn Sie sie ein paar mal freundlich in ihre Schranken gewiesen haben.

Identifizieren Sie Ihre inneren Stimmen also, und treten Sie mit Ihnen in Dialog! Oh, Sie meinen, nun taucht eine Stimme auf, die Ihnen sagt, dass es ein Zeichen von Verrücktheit sei, innere Stimmen zu hören und innere Selbstgespräche zu führen?

Na, dann fangen Sie doch direkt an und identifizieren Sie diese Stimme. Wann und von wem haben Sie denn gehört, dass man nicht auf diese Weise an sich arbeiten darf? Dass man diese ganz normalen inneren Stimmen, die so gut wie jeder Mensch hat, nicht hinterfragen und am besten noch nicht einmal bewusst wahrnehmen darf? Und schon gar nicht versuchen darf, ihnen freundlich, aber bestimmt zu widersprechen und sie dadurch zu verändern?

So funktioniert der Mensch nun einmal. Das ursprüngliche Wertesystem bildet sich (sehr vereinfacht gesprochen) dadurch aus, dass die Werte der Bezugspersonen eines Kindes von diesem übernommen werden. Beigebracht wurden sie dem Kind anhand von Sprüchen oder Bemerkungen, wie „man" Dinge zu tun, zu sehen, zu verstehen hat. Diese immer wieder gehörten Bemerkungen werden samt Tonfall verinnerlicht und tauchen im späteren Leben immer wieder auf, wenn sich das Kind oder später der Jugendliche und Erwachsene mit ähnlichen Situationen konfrontiert sieht.

Ändern kann man dieses Wertsystem der früheren Bezugspersonen dadurch, dass man sich die verinnerlichten Stimmen derer, die uns ihre Sichtweise der Welt und des Lebens einst beigebracht haben, bewusst macht. Und dadurch dann die Wahl hat, sich bewusst dafür oder dagegen zu entscheiden.

In der Pubertät werden üblicherweise eine ganze Reihe der anerzogenen Werte auf diese Weise hinterfragt, abgelehnt und durch andere, eigene Werte ersetzt. Nach der Pubertät verlieren die meisten Menschen dann diese Fähigkeit wieder, fremde Werte zu hinterfragen. Sie sehen sie nun als ihre eigenen an und glauben, den Stimmen, die sie doch „in der moralischen Spur" halten, auf gar keinen Fall widersprechen zu dürfen.

Meist werden die Stimmen auch nicht bewusst wahrgenommen, sondern ihre Anweisungen einfach ohne Nachzudenken befolgt. Und der Tonfall, den sie einschlagen, sagt sehr viel darüber aus, wie wir als Kind gesehen und behandelt worden sind, wenn wir „unseren eigenen Kopf" benutzen wollten anstatt brav „zu folgen".

Darum ist der erste Schritt auf dem Weg in die Selbstbestimmtheit und in die Eigenverantwortung, die inneren Stimmen wahrzunehmen, zuzuordnen, zu hinterfragen und ihnen gegebenenfalls zu widersprechen – als Erwachsener, der Sie heute schließlich sind.

Es gibt aber auch andere innere Stimmen, nicht nur die übernommenen aus der Vergangenheit. Sie haben auch innere Stimmen, die aus Ihren eigenen früheren Erfahrungen mit früheren Situationen stammen – und die heute, im Hier und im Jetzt, ebenfalls richtig oder falsch sein können. Auch da ist es der erste Schritt, sie sich bewusst zu machen und zu hinterfragen. Sich ihren Rat anzuhören. Und diesen dann zu befolgen oder auch nicht.

Eins sollten Sie sich aber auf jeden Fall verbitten: dass irgendeine innere Stimme jemals anders als vernünftig, freundlich und respektvoll mit Ihnen umgeht. Weisen Sie jede Stimme klar und bestimmt zurück, die die Grundregeln der Höflichkeit Ihnen gegenüber nicht einhält. Allein dieser Schritt kann nicht nur Ihre Stimmung, sondern Schritt für Schritt sogar Ihr ganzes Leben dauerhaft zum Besseren verändern.

Es gibt eine ganze Psychotherapieform, die auf das Prinzip der inneren Stimmen bzw. Persönlichkeitsanteile aufbaut: Die Teiletherapie, oder die Arbeit mit dem „inneren Team".

Probieren Sie die Übung auf der nächsten Seite einfach mal aus und bleiben Sie unbedingt hartnäckig! Wie so vieles braucht der Umgang mit den inneren Stimmen bzw. Anteilen einfach sehr viel Übung, aber irgendwann hat man den Dreh raus und wird von ersten Erfolgen beflügelt.

ÜBUNG: DIE INNEREN STIMMEN

Fragen, die Ihnen helfen sollen, Ihren inneren Stimmen „auf die Schliche zu kommen":

1. Gibt es nur eine Hauptstimme oder auch Nebenstimmen?

....
....
....
....
....
....
....
....
....
....
....
....

2. In welchen Situationen treten die einzelnen inneren Stimmen üblicherweise auf?

3. Wie gehen die einzelnen inneren Stimmen mit Ihnen um?

4. Können Sie den inneren Stimmen Menschen aus Ihrer Vergangenheit zuordnen?

5. Können Sie mit den inneren Stimmen in Dialog treten? Mit ihnen verhandeln? (Hinweis: Das geht! Es erfordert unter Umständen lediglich etwas Übung).

6. Können Sie zwei innere Stimmen miteinander in Dialog treten lassen? (Hinweis: Üblicherweise hat jede innere Stimme einen Gegenspieler. Bekanntestes Beispiel: der innere Antreiber und der innere Schweinehund).

7. Welche neuen inneren Stimmen können Sie etablieren, die wertschätzend und motivierend mit Ihnen sprechen? Gibt es vielleicht positive Rollenmodelle aus Filmen oder Serien oder der Weltgeschichte, die Sie gedanklich um ihre Meinung bitten können – zum Beispiel Albert Einstein oder Ihre Lieblings-Schauspielerin?

....
....
....
....
....
....
....
....
....
....
....
....
....
....

8. Können Sie weitere innere Stimmen kreieren, zum Beispiel Ihr weises Zukunfts-Ich oder ihr brillanter innerer Anwalt, der souverän Ihre Rechte gegenüber dem fiesen inneren Kritiker vertritt?

....
....
....
....
....
....
....
....
....
....
....
....
....
....

9. Versuchen Sie, Übung und Routine im Erschaffen hilfreicher innerer Stimmen zu bekommen. Und dann spielen Sie die Anfangsszene diesen Kapitels erneut durch. Welche innere Stimme kommt Ihnen jetzt zu Hilfe, und wie ändert dies Ihre Gefühle und Ihr Selbstwertgefühl?

SCHRITT NR. 10

WILL ICH DAS?
WILL **ICH** DAS?
WILL ICH **DAS?**

Wann immer Sie vor einer wichtigen Entscheidung stehen, sollten Sie sich diese drei kleinen Fragen stellen. Möglicherweise fällt Ihre Entscheidung anschließend ganz anders aus.

∎∎

Eigentlich sollte man meinen, nichts sei einfacher, als zu wissen, was man will, und seinem Leben einen entsprechenden Sinn zu geben. Wer allerdings schon ein paar Jährchen auf dieser Erde weilt, wird früher oder später unweigerlich die Erfahrung machen, dass es wohl kaum etwas gibt, das schwieriger und komplexer ist als diese „simple Kleinigkeit".

Schlimmer noch: Manchmal glaubt man sogar sicher zu wissen, was man will, und trifft auf dieser Grundlage weitreichende Entscheidungen. Nur um dann irgendwann herauszufinden, dass man sich gehörig geirrt hat und doch eigentlich etwas ganz anderes wollte.

Oder dass man gar nicht seine eigenen Wünsche und Ziele verwirklicht hat – sondern die von anderen. Dass man somit im Extremfall gar nicht sein eigenes Leben lebt, sondern sein Leben um die Erwartungen und Wünsche von anderen herumgebogen hat, was dann irgendwann sogar zur Lebenskrise bis hin zur Depression führen kann.

Denn die Frage nach dem Lebenssinn, die Frage: „Lebe ich das Leben, das mir entspricht?" oder auch ganz einfach formuliert: „Bin ich glücklich?", schleicht sich zunächst auf ganz leisen Sohlen an. Sie wird oft lange überhört, dann verdrängt, dann weggedrückt, aber am Ende holt genau diese Frage einen schließlich doch noch ein – sei es als Midlife-Crisis, als Burnout oder schlimmstenfalls sogar als Depression. Was dabei helfen kann, herauszufinden, was man überhaupt will: Jeden Bereich seines Lebens und jede wichtige Entscheidung einem „dreifachen Test" zu unterziehen.

Drei Fragen können dabei helfen. Genau genommen ist es eine einzige Frage. Aber mit jeweils einer anderen Betonung werden drei unterschiedliche Fragen daraus, die unterschiedliche Aspekte beleuchten.

1. „WILL ich das?"

WILL ich diese Beziehung eingehen, oder rutsche ich da gerade hinein, weil ich wieder mal nicht nein sagen kann?

WILL ich die Stelle im Ausland annehmen, oder reicht es mir bereits, meinen „Marktwert" erfolgreich getestet zu haben, und möchte die Zelte hinter mir eigentlich gar nicht abbrechen?

WILL ich studieren, weil mein Abitur so überraschend gut war, dass ich den Numerus Clausus für einige Studiengänge schaffen würde – oder will ich nicht doch lieber die Ausbildung machen, die ich mir seit Jahren gewünscht habe?

In viele Situationen, die wir später einmal als „Falle" empfinden, sind wir hineingerutscht, weil wir uns diese entscheidende Frage nicht gestellt haben: „WILL ich das?"

Doch diese Frage ist auch dann noch sinnvoll, wenn man bereits tief im Schlamassel steckt und sich eingestehen muss, dass man unglücklich ist – oder schlimmstenfalls tatsächlich in die Depression gerutscht ist. Auch wenn es dann oft sehr viel Kreativität und Mut braucht, die einmal fälschlich eingeschlagene Richtung wieder zu ändern.

2. „Will ICH das?"

Will ICH, dass ich bei meinen Eltern ins Dachgeschoss einziehe, oder tue ich das nur meiner Mutter zuliebe?

Will ICH eine Ausbildung als Bankkaufmann machen, oder mache ich das nur, weil mein Vater gerne möchte, dass ich „einen handfesten, vernünftigen Beruf" erlerne?

Es ist immer wieder erstaunlich, wie viele Menschen sich in einem Leben wiederfinden, das eigentlich gar nicht ihres ist. Denn die Frage „Will ICH das?" ist oft besonders schwer zu beantworten, und man fürchtet die Antwort. Also stellt man sich die Frage gar nicht erst. Schließlich wurde uns von klein auf beigebracht, dass andere viel besser wissen, was gut für uns ist, als wir selbst. Und dass es egoistisch ist, an sich selbst zu denken, sondern dass wir immer zuerst an andere denken sollen.

Tatsächlich? Wer es immer allen anderen recht machen will, hat auf jeden Fall jemand vergessen: sich selbst!

Oder anders ausgedrückt: Wenn Sie es immer allen recht machen wollen, vergessen Sie womöglich, dass Sie selbst doch auch ein Teil des Ganzen sind. Das bedeutet aber, auch Sie selbst, Ihre Wünsche, Bedürfnisse und Gefühle, zählen, und sollten in eine Entscheidung gleichwertig mit einbezogen und berücksichtigt werden.

3. „Will ich DAS?"

Will ich für meinen neuen Job, der mich sehr reizt, in Kauf nehmen, dass ich einen 12-Stunden-Tag habe – oder will ich im Grunde genommen nicht einfach einen Job, der mich mehr erfüllt als mein bisheriger? Jedoch ohne dafür künftig einen Großteil meiner Freizeit und meines Privatlebens hinten anstellen zu müssen? Brauche ich deswegen womöglich zwar einen anderen Job, aber nicht DIESEN?

Will ich tatsächlich den neuen Sportwagen, oder suche ich einfach nur einen Weg, aus meinem stressigen Alltag auszubrechen und auf diesem Weg das Gefühl von Freiheit und Selbstbestimmung irgendwie zurückzuholen? Gäbe es dafür nicht auch andere Mittel und Wege?

Was geschieht aber, wenn man diesen drei wichtigen Fragen vor einer wichtigen Entscheidung ausweicht, weil man stattdessen 1000 gute Gründe findet, warum eine Entscheidung „die einzig vernünftige" ist? Und weil die Fragen nach dem „was will ich eigentlich?" doch wohl viel zu egoistisch sind, um gestellt werden zu dürfen? Fragen, die entscheidend für das eigene Leben sind, können nicht die Wünsche und Bedürfnisse der wichtigsten Person darin einfach außer Acht lassen: Sie selbst!

Und wenn Sie sich den drei Fragen „Will ich das?" nicht stellen, verschwinden diese dadurch nicht. Sie werden im weiteren Verlauf immer wieder anklopfen, und zwar immer lauter und deutlicher. Während die Komplikationen, die dadurch entstehen, dass Sie genau diesen Fragen ausgewichen sind, immer verzwickter werden – bis sie schließlich unlösbar scheinen.

Sie sind es aber auch dann nicht. Die Fragen können auch dann neu gestellt werden, die Antworten neu formuliert oder angepaßt werden. Das Leben hat sich zwar verknotet – aber selbst wenn bereits Symptome wie Burnout oder eine Depression aufgetreten sind, so kann eine Psychotherapie beim Entwirren helfen.

Auf den nächsten Seiten haben Sie die Möglichkeit, einmal einige vergangene und womöglich auch einige anstehende Entscheidungen unter die Lupe dieser drei kleinen und – scheinbar – harmlosen Fragen zu nehmen.

ENTSCHEIDUNG NR. 1: ....

WILL ich das?

....
....
....
....

Will ICH das?

....
....
....
....

Will ich DAS?

....
....
....
....

ENTSCHEIDUNG NR. 2: ....

WILL ich das?

....
....
....
....

Will ICH das?

....
....
....
....

Will ich DAS?

....
....
....
....

ENTSCHEIDUNG NR. 3: ....

WILL ich das?

....

....

....

....

Will ICH das?

....

....

....

....

Will ich DAS?

....

....

....

....

ENTSCHEIDUNG NR. 4: ....

WILL ich das?

....
....
....
....

Will ICH das?

....
....
....
....

Will ich DAS?

....
....
....
....

SCHRITT NR. 11

SIE SIND DOCH MEISTENS GAR NICHT GEMEINT

Es gibt eine sehr hilfreiche Erkenntnis, die Sie sich immer wieder bewusst machen können: „Wie jemand dich behandelt, sagt etwas über ihn oder sie aus. Nicht über dich."

■■

Als Kinder müssen wir noch alles persönlich nehmen, weil wir es noch nicht besser wissen können: Den schimpfenden Nachbarn, den schlecht gelaunten Lehrer oder auch verletzende Worte von Spielkameraden oder Erwachsenen beziehen wir erst einmal auf uns und nehmen sie als Aussagen darüber an, wie wir offenbar sind.

In einer guten Kindheit gibt es daneben auch sehr viele positive Aussagen, die wir ebenso in uns einsaugen.

So entsteht unser Selbstbild, und wir lernen, dass wir viele Seiten in uns haben, gute und schlechte, wie jeder Mensch, und dass dies in Ordnung ist.

Wir lernen, uns ein realistisches Bild von uns selbst zu machen. Wir lernen, dass es darauf ankommt, dass wir uns selbst „im Spiegel in die Augen schauen können". Wir machen uns buchstäblich ein eigenes Bild von uns selbst, versuchen unseren eigenen Werten und Idealen gerecht zu werden und glauben nicht mehr blind der negativen Meinung anderer über uns.

Wir können erkennen, ob Kritik berechtigt ist oder ob unser Gegenüber vielleicht einfach nur schlechte Laune hat, womöglich auch ungerecht oder sogar unverschämt reagiert, sodass wir uns den Schuh, den er uns vor die Füße wirft, nicht anzuziehen brauchen. Wir haben ein stabiles Selbstwertgefühl entwickelt und gehen das Leben positiv und mit Selbstvertrauen an.

Leider ist es sehr häufig, dass dieser Prozess, ein stabiles Selbstwertgefühl zu entwickeln, nicht reibungslos abgelaufen ist.

Das Selbstwertgefühl konnte sich durch zu viele negative Spiegelungen nicht stabil ausbilden, und so bezieht man auch als Erwachsener weiterhin alles auf sich: Ich werde schlecht behandelt? Na, ich werde es wohl verdient haben! Schließlich haben schon immer alle gesagt, dass ich nichts wert bin, dass ich es nie zu etwas bringen werde, dass ich faul, hässlich, dumm und was sonst noch alles bin.

Als Psychotherapeutin versucht man dies in der Therapie ganz vorsichtig immer wieder zu hinterfragen, um solche Automatismen nach und nach überhaupt erst bewusst zu machen und diesen Teufelskreis somit zu unterbrechen.

Die Wirkung auf das Selbstwertgefühl ist wie ein Silberstreif am Horizont: Es ist oft der erste, aber wichtigste Schritt weg von einer destruktiven, auf lange Sicht unglücklich machenden Haltung hin zu einer realistischen Selbsteinschätzung und einem gesunden Selbstvertrauen.

Dann kann man auch bei starkem Gegenwind erst einmal ruhig bleiben und sich einfach fragen: Ist diese Reaktion meines Gegenübers jetzt berechtigt? Oder völlig überzogen? Was sagt sein Verhalten gerade über ihn selbst aus? Hat er einfach nur schlechte Laune, und ich bin das Ventil? Hat er Probleme, die vielleicht überhaupt nichts mit mir zu tun haben? Und wie reagiere ich da jetzt am besten darauf?

So wird man im Laufe der Zeit immer weniger in das Geschehen hineingesogen, sondern kann sich die Situation ruhig betrachten und mit Vernunft und Gelassenheit darauf reagieren. Das Selbstwertgefühl wird dann von solchen Situationen nicht mehr beeinträchtigt. Es bleibt realistisch und stabil.

Und ja, bis dahin ist es für viele Menschen ein sehr weiter Weg. Aber er beginnt mit dem ersten Schritt, nämlich der Erkenntnis: Wie Dich jemand behandelt, sagt etwas über ihn oder sie aus. Nicht über Sie.

Dieses Thema wird in einer Psychotherapie meist sehr intensiv und tiefgehend behandelt. In einem allgemein gehaltenen Buch, das ja nicht individuell auf Sie eingehen kann, können wir hier wieder einmal nur an der Oberfläche kratzen.

Wie Sie es jedoch selbst in der Hand haben, um sich nicht länger jeden Schuh der Anklage anzuziehen und sich selbst tatsächlich automatisch für schuldig zu halten, will die nachfolgende Übung mit Ihnen erarbeiten. Sie sollen darin die Haltung erkunden, nicht sofort schuldbewusst und klaglos jede Kritik anzunehmen, und sei sie auch noch so unberechtigt. Sondern sich der Haltung zu öffnen, dass Sie ja vielleicht wirklich nichts dafür können, oder dass man die Situation auch tatsächlich ganz anders sehen kann.

Diese Übung ist natürlich nicht für Menschen gedacht, die gewohnheitsmäßig die Schuld bei allen anderen suchen, nur nicht bei sich. Kennen Sie solche Menschen? Garantiert kennen Sie solche Menschen, denn mit traumwandlerischer Sicherheit suchen und finden diese ihr Gegenstück: die chronisch Schuldbewussten; die,

„mit denen man es machen kann"; die mit dem fehlenden Selbstbewusstsein, dem schlechten Selbstwertgefühl. Diejenigen, die sich dadurch perfekt zum Sündenbock eignen, und denen man tatsächlich weismachen kann, dass sie an allem schuld sind, weil sie unfähig und unzulänglich sind. Weil sie nicht genug machen und nicht genug sind. Diejenigen, denen man kinderleicht ein schlechtes Gewissen machen kann, und denen man dies auch bereits im Kindesalter beigebracht hat.

Und jetzt dürfen Sie mal raten, wer von diesen beiden Menschentypen üblicherweise zur Depression neigt: Diejenigen, die grundsätzlich mit dem Finger auf andere zeigen, oder diejenigen, die sich generell jeden Schuh sofort anziehen? Merken Sie etwas?

Die folgende Übung soll Ihnen deshalb beibringen, sich eben NICHT jedes Mal den Schuh anzuziehen und sich als Sündenbock zur Verfügung zu stellen, wenn wieder einmal ein Schuldiger gesucht wird. Oder wenn man Sie mal wieder durch emotionale Erpressung dazu bringen will, etwas zu tun, das Sie eigentlich nicht tun möchten.

Sondern Sie sollen üben, sich endlich auch einmal zu verteidigen, anstatt immer sofort die Schuld auf sich zu nehmen! Ihre Gegenspieler haben von klein auf immer nur den Staatsanwalt gespielt, und einen Verteidiger hat man Ihnen nie zugestanden. Daher existiert dieser noch nicht einmal in Ihrem Kopf. Es wird Zeit, dies zu ändern!

ÜBUNG: DAS PLÄDOYER

Beschreiben Sie hier zunächst drei Situationen aus Ihrer Vergangenheit, in der Sie jemand schlecht oder ungerecht behandelt hat, und in deren Folge Sie sich unzulänglich und unfähig gefühlt haben.

Situation 1

....
....
....

Situation 2

....
....
....

Situation 3

....
....
....

SITUATION NR. 1

Nun stellen Sie sich vor, wie diese Situation vom Staatsanwalt in einem Gerichtssaal auf einem großen Bildschirm vorgeführt wird. Gedanklich sind Sie diese Situation ja vermutlich schon oft in dieser Form durchgegangen. Welche Gefühle ruft diese Vorführung hervor?

....
....
....

Und nun stellen Sie sich vor, wie ein brillanter Rechtsanwalt als Ihr Verteidiger ein flammendes Plädoyer zu Ihren Gunsten hält. Mit welchen Argumenten überzeugt er das Gericht, dass Sie unschuldig waren oder zumindest mildernde Umstände geltend machen können? Bitte hören Sie mit der Argumentation erst auf, wenn er sogar Sie selbst überzeugt hat!

....
....
....
....

SITUATION NR. 2

Nun stellen Sie sich vor, wie diese Situation vom Staatsanwalt in einem Gerichtssaal auf einem großen Bildschirm vorgeführt wird. Gedanklich sind Sie diese Situation ja vermutlich schon oft in dieser Form durchgegangen. Welche Gefühle ruft diese Vorführung hervor?

....
....
....

Und nun stellen Sie sich vor, wie ein brillanter Rechtsanwalt als Ihr Verteidiger ein flammendes Plädoyer zu Ihren Gunsten hält. Mit welchen Argumenten überzeugt er das Gericht, dass Sie unschuldig waren oder zumindest mildernde Umstände geltend machen können? Bitte hören Sie mit der Argumentation erst auf, wenn er sogar Sie selbst überzeugt hat!

....
....
....
....

SITUATION NR. 3

Nun stellen Sie sich vor, wie diese Situation vom Staatsanwalt in einem Gerichtssaal auf einem großen Bildschirm vorgeführt wird. Gedanklich sind Sie diese Situation ja vermutlich schon oft in dieser Form durchgegangen. Welche Gefühle ruft diese Vorführung hervor?

....
....
....

Und nun stellen Sie sich vor, wie ein brillanter Rechtsanwalt als Ihr Verteidiger ein flammendes Plädoyer zu Ihren Gunsten hält. Mit welchen Argumenten überzeugt er das Gericht, dass Sie unschuldig waren oder zumindest mildernde Umstände geltend machen können? Bitte hören Sie mit der Argumentation erst auf, wenn er sogar Sie selbst überzeugt hat!

....
....
....
....

SCHRITT NR. 12

GERADE AUCH BEI FREUNDEN GILT: FIND YOUR TRIBE

Leben Sie wirklich IHR Leben? Oder das von anderen? Und sind sie wirklich von Menschen umgeben, die Sie so nehmen und mögen, wie Sie sind? Oder gehört es zu Ihren täglichen Übungen, sich zu verbiegen?

▪▪

In der Psychotherapie-Praxis erlebt man es jeden Tag: Viel hilft nicht unbedingt viel. Qualität kann nicht durch Quantität ersetzt werden. Und doch wird es immer wieder versucht, sogar im Bereich von Freundschaften und Beziehungen.

Dass das nicht funktionieren kann, leuchtet irgendwie ein. Andererseits verbiegt man sich dann doch wieder, um es nur allen recht zu machen, um nur niemanden zu verärgern oder gar zu verlieren.

In den sozialen Medien erlebt man diese Tendenz bis zur Karikatur überzogen: da wird an jedem Posting gefeilt, jedes Statement ist ein geplantes Kalkül, um Zustimmung, Aufmerksamkeit, Likes zu erhalten.

Likes, die neue Währung der schönen neuen Welt. Follower, die nur an ihrer Anzahl und nicht an ihrer Qualität gemessen werden. Je mehr, desto besser.

Man kennt seine Follower ja noch nicht einmal. Man sieht nur die nackte Zahl und die muss wachsen, um jeden Preis. Und auf gar keinen Fall darf sie weniger werden. Postings sind daher nicht mehr ein Spiegelbild dessen, wie man sich fühlt, wie einem zumute ist, was man gerne teilen möchte. Sondern man postet das, von dem man glaubt, dass es Follower bringt.

So wie es uns in den Achzigerjahren das damals neu aufkommende Privatfernsehen schon gezeigt hat: Quote über alles! Damals noch schockierend, ist das heute völlig normal. Und selbst damals war man es von den Boulevard-Zeitungen längst gewohnt: Auflage über alles! Im Zweifel eben auch über Moral und Wahrheit.

In den sozialen Medien von heute spiegeln sich diese Auswüchse dann darin, dass zum Beispiel bei einem Unfall nicht mehr geholfen, sondern mit dem Handy draufgehalten wird, damit man es umgehend in den sozialen Medien posten kann. Das gibt Klicks, das gibt Likes, das gibt Follower, und wenn die entsetzten Angehörigen dadurch dann aus den sozialen Medien vom Unfall oder gar Tod ihrer Lieben erfahren, dann sind das eben Kollateralschäden, die man „für die gute Sache", nämlich die eigene, in Kauf nimmt.

Aber macht wahllose Quantität wirklich glücklich? Gerade im Bereich von Freundschaften oder Beziehungen? Ist da nicht eher das Gegenteil der Fall?

Wer sich verbiegt und sein Verhalten nur darauf ausrichtet, anderen zu gefallen, der wird natürlich diese anderen auch anziehen, keine Frage. Er kann auf diese Art und Weise einen immer größeren Freundeskreis um sich herum scharen.

Aber hat dieser dann auch tatsächlich den Namen Freundeskreis verdient? Diese Freunde, diese Partner wissen doch dann eigentlich gar nicht, mit wem sie es überhaupt zu tun haben, da sie von jemandem angelockt wurden, der vorgab, jemand zu sein, der er gar nicht ist. Aus Angst, so wie er ist, von niemandem gesehen oder gewollt zu werden.

Das Resultat ist, dass viele Menschen heutzutage einen riesigen Freundeskreis haben, der aus Menschen besteht, die ihn gar nicht meinen KÖNNEN, weil sie gar nicht wissen, wer er „wirklich" ist. Und so opfert man all seine Zeit, um diesen riesigen Freundeskreis zu pflegen, und fühlt sich dabei weder gesehen noch gemeint, und versteht einfach nicht, woher die innere Leere und Traurigkeit kommen, wo man doch so viele Freunde hat.

Nein, echte Freunde, echte Beziehungen entstehen ganz anders, geradezu auf gegensätzliche Art: Mit dem Mut, man selbst zu sein, sich zu zeigen, wie man ist. Ja, dadurch zieht man mit Sicherheit natürlich viel, viel weniger Menschen an, als wenn man es jedem recht machen will und sich verbiegt. Aber man zieht die richtigen Menschen an. Diejenigen, die wirklich zu einem passen.

Find your tribe. Darum geht es.

Und um das zu erreichen, gilt es erst einmal, loszulassen. Loszulassen von viel zu viel Quantität. Um überhaupt erst Zeit und Raum für die richtigen Menschen zu schaffen.

Die richtigen Menschen FÜR SIE, die Sie sehen und Sie meinen und Sie wollen, nicht OBWOHL Sie so sind, wie Sie sind, sondern GERADE WEIL Sie so sind, wie Sie sind. Und die Sie darum auch nur dann finden können, wenn Sie lernen, Sie selbst zu sein und aufhören, sich zu verbiegen, um Masse anzuziehen.

Leider haben wir dieses gesunde Verhalten so sehr verlernt, dass ein Großteil der Psychotherapie-Arbeit aus nichts anderem besteht, als die Erlaubnis zu erteilen, so sein zu dürfen, wie man ist. Als den Patienten zu vermitteln, dass es in Ordnung ist, damit aufzuhören, sich zu verbiegen. Auch wenn es dabei nicht zu vermeiden ist, dass sie dann Gegenwind erfahren und die Menschen, mit denen sie sich bisher umgeben haben, sich dagegen wehren. Denn die möchten keine Veränderung. Die möchten, dass Sie sich weiter verbiegen, weil es sie überhaupt nicht interessiert, wer Sie wirklich sind. Und so bekommen Sie Vorwürfe zu hören und werden plötzlich als der Böse abgestempelt, wenn Sie aufhören, sich zu verbiegen („ich erkenne dich gar nicht wieder!"). Das kann unglaublich verwirrend und schmerzvoll sein.

Die Hauptaufgabe eines Psychotherapeuten in solchen Konstellationen ist es, seinen Patienten durch diese Wirrungen hindurchzuhelfen und ihnen als Kompass zu dienen, bis der eigene innere Kompass wieder funktioniert. Und es mit breitem Kreuz und stellvertretend für seine Patienten auszuhalten, dass er von deren Umfeld dann selbst als der Böse abgestempelt wird, der Schuld daran ist, dass sich der Patient plötzlich so sehr „zu seinem Nachteil" verändert hat. Er ist nicht wiederzuerkennen! Er soll gefälligst wieder so werden, wie er war! Er soll gefälligst wieder „funktionieren", sprich, sich wieder anpassen!

Stattdessen wird gemeinsam daran gearbeitet, dass sich der Patient ein neues, erstmals eigenes und „echtes" Leben im Einklang mit sich selbst aufbaut.

Die Veränderung ist umfassend, und auch das Umfeld ändert sich automatisch mit – ob mit den gleichen Personen wie vorher oder mit weniger und/oder anderen Personen, das lässt sich vorab nicht abschätzen.

Aber eine bestimmte Veränderung tritt am Ende mal mehr, mal weniger immer auf: Der Patient lebt jetzt viel mehr im Einklang mit sich selbst, nach seinen Vorstellungen und Überzeugungen. Und nicht länger nach den Wünschen anderer, die es gar nicht interessiert, wer und wie er wirklich ist. Er lebt mit einem wieder funktionierenden inneren Kompass, und er hat dadurch erst den Grundstein gelegt für ein authentischeres, ehrlicheres, glücklicheres Leben.

Und jetzt nehmen Sie bitte Ihren Bleistift und wagen den Blick auf die Menschen, mit denen Sie sich umgeben: Tun die Ihnen überhaupt gut? Mögen und lieben sie Sie genau so, wie Sie sind – oder nur, wenn und solange Sie sich verbiegen?

Und dann lassen Sie die Einteilung einmal auf sich wirken. Und machen Sie sich bewusst: Sie können die Menschen um sich herum nicht ändern. Aber Sie können ändern, welche Menschen um Sie herum sind.

Wie das geht? Indem Sie aufhören, sich zu verbiegen und zu verstellen. Seien Sie authentisch. Zeigen Sie sich so, wie Sie wirklich sind. Damit ziehen Sie genau die Menschen an, die so sind wie Sie. Die Sie also verstehen und mögen und lieben, und zwar nicht OBWOHL Sie so sind, wie Sie sind, sondern WEIL Sie sind, wie Sie sind.

ÜBUNG: WELCHE MENSCHEN UMGEBEN SIE?

1. Nennen Sie hier die Menschen, die Sie tatsächlich so mögen, wie Sie sind – und die auch wissen, wer und wie Sie sind, bei denen Sie sich also weder verbiegen noch verstellen müssen (und seien Sie bitte ehrlich zu sich):

....
....
....
....
....
....
....
....
....
....
....
....

2. Nennen Sie jetzt die Menschen, die Sie zu Ihrem engeren Umfeld zählen, bei denen Sie sich aber nicht ganz so zeigen können, wie Sie wirklich sind:

....

....

....

....

....

....

....

....

....

....

....

....

....

....

....

3. Welche Menschen glauben, Sie zu kennen, kennen Sie jedoch nicht wirklich? Weil Sie sich ihnen gegenüber einfach nicht so geben können, wie Sie wirklich sind, weil Sie auf Unverständnis treffen würden?

4. Unter welchen Menschen fühlen Sie sich überhaupt nicht sicher, sondern sehr verunsichert? Bei wem wagen Sie nicht, sich so zu zeigen, wie Sie wirklich sind? Bei wem tragen Sie eine schützende Maske und fühlen sich irgendwie unwohl?

SCHRITT NR. 13

WIE BITTE? BEIM AUTOFAHREN MEDITIEREN?

Jawohl. Kein Scherz. Ich empfehle Ihnen hiermit ganz offiziell, unter anderem beim Autofahren zu meditieren. Und ich bin davon überzeugt, dass Sie das nicht nur gefahrlos und unfallfrei überstehen, sondern dass Sie das sogar zu einem besseren Autofahrer machen wird.

■■

Aber vielleicht sollte ich erläutern, was für eine Art von Meditation ich meine, denn Meditieren ist nicht gleich Meditieren.

Vielleicht haben Sie schon einmal von der Achtsamkeits-Meditation gehört, deren positive Effekte sich in therapeutischen Kreisen schon seit Jahren mehr und mehr herumsprechen und schon unzähligen Patienten zu mehr Ruhe und Gelassenheit verholfen haben. Auch nach Depressionen und bei Burnout wird diese Methode als Rückfall-Prophylaxe gerne angewendet, und ihre positive Wirkung bei Stress ist in zahlreichen Studien gut untersucht und inzwischen so gut belegt, dass viele gesetzlichen Krankenkassen oft sogar einen Zuschuss auf Kurse in Achtsamkeits-Meditation geben. Sie hat sich als sehr gute Unterstützung einer Psychotherapie bei Depressionen erwiesen, die helfen kann, die Rückfallwahrscheinlichkeit zu reduzieren.

Jon Kabat Zinn, im Westen wohl einer der bekanntesten Vertreter dieser Meditationsform, ist emeritierter Professor der University of Masachusetts in den USA und hat bereits Anfang der Achtzigerjahre mit dem Buch „Im Alltag Ruhe finden" die positiven Einflüsse von Achtsamkeits-Meditation auf Stress, Angst und Krankheiten geschildert.

„Erfunden" hat Jon Kabat-Zinn die Achtsamkeits-Meditation aber natürlich nicht, denn diese Methode, sich ganz auf den Augenblick zu konzentrieren und darauf, was man jetzt gerade tut, ist sehr, sehr alt – wie auch die folgende Zen-Geschichte beschreibt:

Ein Wanderer wollte Zen-Meister Rinzai aufsuchen und kam zu dessen Kloster. Vor dem Kloster fand er den Meister beim Holzhacken. Aber er kannte ihn ja nicht und wusste daher auch nicht, dass er es war. Er fragte ihn darum, wo er denn den Meister Rinzai finden könne. Der Zen-Meister sah kaum auf und deutete einfach wortlos zum Kloster. Denn er war vollkommen in das Holzhacken vertieft, sodass er alles andere um sich herum vergessen hatte. Selbst wer er war, war ihm völlig entfallen.

Erst als er den Wanderer Richtung Kloster gehen sah, fiel es ihm plötzlich wieder ein, dass er selbst ja Meister Rinzai war. Schnell legte er daher sein Werkzeug weg und eilte zurück ins Kloster, um dort seinen Gast zu erwarten.

Als dieser eintrat und Meister Rinzai dort sitzen sah, war er natürlich völlig irritiert: „Was soll das? Dich habe ich doch gerade beim Holzhacken gesehen. Und Du hast zu mir gesagt, Meister Rinzai sei im Kloster. Ich gehe also ins Kloster, um ihn zu sehen, und jetzt finde ich hier dich? Ich bin völlig verwirrt. Soll ich vielleicht morgen wiederkommen?"

Der Meister sah ihn an und sagte freundlich: „Das verstehe ich, und du kannst auch gerne morgen wiederkommen. Aber ich bin stets ganz und gar eins mit dem, was ich gerade tue. Vielleicht hole ich morgen, wenn Du wiederkommst, gerade Wasser vom Brunnen. Frage mich dann aber bitte nicht, wo Meister Rinzai ist. Denn dann bin ich nur der Wasserträger."

Jetzt wird vielleicht klar, warum ich jedem nur wärmstens ans Herz legen kann, beim Autofahren zu meditieren – jedenfalls dann, wenn es sich um eine Achtsamkeits-Meditation handelt. Denn wer Auto fährt, sollte auch nur genau das tun: Autofahren. Ganz und gar. Mit jeder Faser seines Körpers, mit jedem Gedanken nur Autofahren, nichts anderes. Und ganz im gegenwärtigen Moment sein, völlig konzentriert auf das, was man gerade tut. Das ist Achtsamkeits-Meditation.

Aber wie sieht es beim Autofahren meist tatsächlich aus? Die Gedanken sind überall, nur nicht auf der Straße. Man befindet sich gerade überall, nur nicht dort, wo man gerade ist – noch nicht einmal die Zeit ist stimmig, noch nicht einmal in der Gegenwart hält man sich gerade auf.

Während das Unbewusste als „Autopilot" am Steuer sitzt, ist der Kopf schon beim Abendessen oder beim wichtigen Termin am nächsten Tag, der nach Feierabend noch vorbereitet werden muss. Oder die Gedanken beschäftigen sich mit dem, was am Vormittag im Büro alles geschehen ist. Oder sie schweifen ab zum Streit mit dem Ehepartner, der am Vortag stattgefunden hat und noch immer nicht bereinigt werden konnte.

Und wenn es nur die Gedanken wären. Immer häufiger werden beim Autofahren ja auch Nachrichten auf dem Handy gelesen oder sogar geschrieben, und das während der Fahrt! Wer die Augen aber nicht mehr auf der Straße, sondern auf dem Handy-Display hat und sogar noch mit einer Hand am Tippen ist, wie soll der noch rechtzeitig auf das reagieren, was um ihn herum stattfindet und eine Reaktion erfordern würde?

Wie viel sicherer wäre doch der Straßenverkehr, wenn die Leute tatsächlich hinter dem Steuer regelmäßig Achtsamkeits-Meditation üben würden. Wenn sie wahrnehmen würden, was jetzt im Moment um sie herum geschieht. Wenn sie sich ganz auf das Hier und Jetzt konzentrieren und diese Fähigkeit üben und trainieren würden.

Denn es ist wirklich alles andere als einfach. Die Gedanken neigen dazu, immer wieder abzuschweifen. Das ist so weitverbreitet, dass es uns inzwischen ganz normal vorkommt, mehr noch: dass wir es gar nicht mehr anders kennen und können und erst mühsam wieder erlernen müssen, was wir als Kinder noch konnten. Nämlich in den Moment einzutauchen, mit all unserer Aufmerksamkeit, all unseren Sinnen, und das Leben um uns herum wirklich wahrzunehmen.

Das können wir aber alles wieder lernen, auch wenn es sehr, sehr viel Geduld und Übung erfordert. Die Vorteile für die seelische wie auch körperliche Gesundheit sind längst durch zahlreiche Studien belegt. Und der Weg ist so einfach: Immer wieder, wenn man bemerkt, dass man gerade in Gedanken wieder mal abdriftet, sich sanft wieder zurück in den Augenblick zu holen und mit allen Sinnen wahrnehmen, was gerade um uns herum geschieht. Das ist Achtsamkeits-Meditation.

„Ja, aber – wann soll ich denn die ZEIT für so etwas finden?!" Nun: Das Besondere und Praktische bei der Achtsamkeits-Meditation ist ja eben, dass man sie perfekt und ganz ohne zusätzlichen Zeitaufwand in den Alltag einbauen kann. Denn Achtsamkeit üben – also das Sein im Hier und im Jetzt – das kann man bei jeder einzelnen Alltagstätigkeit, die ja ohnehin zu erledigen ist.

Achtsamkeit kann man beim Spülen ebenso üben wie beim Wäschewaschen oder beim Essen. Es erfordert einfach nur, mit dem, was man tut, ganz im Hier und Jetzt zu sein, anstatt mit den Gedanken schon wieder ganz woanders. Und das kann man üben. Muss man aber auch, denn es ist auch noch kein achtsamer Meister vom Himmel gefallen! Es erfordert viel mehr Übung, im Hier und im Jetzt zu bleiben, als man sich anfangs vorstellen kann.

„Das ist ja alles schön und gut", werden Sie jetzt womöglich sagen. „Aber was hat das alles denn mit meiner Depression zu tun? Und wie um alles in der Welt soll mir das helfen?"

Nun, wie schon am Anfang dieses Kapitels erwähnt: Viele Therapeuten arbeiten mit depressiven Patienten inzwischen sehr gerne auch mit Methoden aus der Achtsamkeits-Meditation. Sie zu erlernen, kann sich positiv auf Depressionen auswirken. Denn während einer Depression steckt man gedanklich oft entweder in der Vergangenheit fest („Was habe ich nur getan! Warum nur ist damals dies oder jenes geschehen/ nicht geschehen! Ach, könnte ich doch rückgängig machen, was damals geschehen ist!"). Oder man schaut viel zu sorgenvoll auf die Zukunft („Wie soll das nur alles werden! Das ist doch alles gar nicht zu schaffen! Wie soll ich denn jemals wieder glücklich werden! Es wird alles nie wieder gut werden!"). Und das, obwohl man gerade doch auch schon mit der Gegenwart mehr als genug zu tun hat.

Aber mit der Gegenwart alleine kann man normalerweise fertig werden. Nur wenn man auch noch das Gewicht der Vergangenheit mit draufpackt (die ja ohnehin schon vorbei und nicht mehr zu ändern ist), und sich die Wucht der Zukunft wie einen riesigen Berg auch noch vor die Füße legt, wird die Last wirklich absolut überwältigend.

Die bewährte Methode, sich darauf zu konzentrieren, „nur diesen heutigen Tag" zu bewältigen, statt auf zu viele Tage auf einmal zu schauen, kann bei der Bewältigung von Depressionen darum sehr hilfreich sein. Denn vor allem die Vorstellung, die gesamte Depression oder ihre Symptome auf einmal bewältigen zu müssen, kann überwältigend sein und zu einem Gefühl der Hoffnungslosigkeit führen. Wenn Sie sich aber einfach nur darauf konzentrieren, den heutigen Tag zu bewältigen, wird die Herausforderung in kleinere, machbarere Schritte aufgeteilt.

Indem Sie sich selbst erlauben, sich auf den gegenwärtigen Tag zu konzentrieren, üben Sie zudem das so wichtige Selbstmitgefühl. Und Sie erkennen an, dass es in Ordnung ist, eins nach dem anderen zu nehmen. Dies hilft Ihnen, Druck und negative Selbstbewertungen zu reduzieren. Außerdem können Sie dadurch kleine Siege feiern und das Selbstvertrauen stärken. Dies kann einen positiven Kreislauf schaffen, in dem Sie motiviert bleiben und sich auf weitere kleine Schritte vorwärts konzentrieren.

Und – jetzt schlagen wir den Bogen zur Achtsamkeits-Meditation – die Fokussierung auf den gegenwärtigen Tag ermutigt dazu, auch den gegenwärtigen Moment bewusster zu leben. Und wenn Sie lernen, sich mehr und mehr auf das Hier und Jetzt zu konzentrieren, packen Sie auf Ihre Situation eben nicht auch noch die Last der Vergangenheit und den Berg der Zukunft noch obendrauf. Ihre Lage wird erträglicher.

Achtsamkeit hilft Ihnen außerdem dabei, eine nicht wertende Haltung zu entwickeln und sich selbst mit Mitgefühl und Freundlichkeit zu behandeln. Und dies ist insbesondere bei depressiven Gedanken und negativem Selbstwertgefühl ungeheuer hilfreich. Meiner Erfahrung nach ist es sogar mit das Wichtigste, das man im Rahmen einer Psychotherapie erlernt: Selbstmitgefühl, Selbstfürsorge, Freundlichkeit sich selbst gegenüber. Das wirkt wie ein Schutzschild gegen die Belastungsfaktoren von außen, reduziert die Stressreaktion des Körpers und beruhigt dadurch das Nervensystem. Dies kann überaus hilfreich sein, da Stress oft als Auslöser oder Verstärker von Depressionen wirkt.

Durch Achtsamkeits-Meditation kann man außerdem lernen, auch Gefühle und Emotionen bewusst wahrzunehmen und anzunehmen, ohne sich von ihnen überwältigen zu lassen. Dies kann bei der Bewältigung von negativen Emotionen in Verbindung mit Depressionen (und generell auch im gesamten Leben, sei es beruflich oder privat) sehr weiterhelfen.

Und nicht zuletzt: Achtsamkeits-Training kann nach und nach auch die Konzentrationsfähigkeit und Aufmerksamkeit steigern, was bei depressiven Symptomen wie Gedankenkreisen und Schwierigkeiten beim Fokussieren natürlich absolut Gold wert ist.

Nachfolgend finden Sie 10 einfache Achtsamkeits-Übungen für Anfänger, sowie 10 weitere schon etwas anspruchsvollere Achtsamkeits-Übungen, wenn Sie merken, dass Sie mit dieser Technik gut vorankommen und dass sie Ihnen guttut.

Probieren Sie am besten alle nach und nach aus – aber bitte nicht mit verbissenem Perfektionismus! Einige Minuten sind am Anfang wirklich absolut ausreichend. Übernehmen Sie sich nicht und seien Sie vor allem nicht ungeduldig mit sich selbst!

NATÜRLICH werden Sie es in den ersten Monaten (!) selbst bei täglichem Üben nicht einmal annähernd schaffen, sich auch nur mehrere Minuten beispielsweise nur auf Ihren Atem zu konzentrieren. NATÜRLICH werden Sie von störenden Gedanken geradezu überrannt. Das geht jedem Menschen so und ist keinesfalls ein Zeichen, dass Sie das „einfach nicht können". Sondern das ist ganz im Gegenteil völlig normal! Genau deshalb macht es ja Sinn, es nach und nach mit viel Geduld zu erlernen.

Wenn ich Ihnen fünf Orangen in die Hand gäbe mit der Aufforderung, damit Jonglieren zu lernen, würden Sie da von sich erwarten, dies nach ein paar Tagen bereits zu können? Natürlich nicht! Sie würden viele, viele Monate brauchen, bis Sie den Dreh raus hätten. Jonglieren zu lernen ist eine reine Frage der Hartnäckigkeit, nichts weiter.

Achtsamkeits-Meditation zu erlernen, ist ebenfalls eine reine Frage der Hartnäckigkeit (nennen wir es auch gerne Sturheit!), und es ist definitiv genauso schwer! Aber dafür auch für den Alltag viel nützlicher, denn es wird Ihnen die Fähigkeit zu mehr Konzentration, Fokussierung und innerer Ruhe ermöglichen, als Sie sich jetzt überhaupt vorstellen können.

Das Wichtigste jedoch: Wenn Sie die Techniken der Achtsamkeits-Meditation immer besser beherrschen, sind Gedankenspiralen, Grübelkreise, Zukunftssorgen, Hoffnungslosigkeit, innere Unruhe und quälende Schuldgefühle zukünftig kaum noch ein Thema für Sie.

5 EINFACHE ACHTSAMKEITSÜBUNGEN FÜR ANFÄNGER

1. Atem beobachten

Setzen Sie sich in eine bequeme Position, oder machen Sie die Übung einfach abends im Liegen vor dem Einschlafen. Wenn Sie währenddessen dann tatsächlich einschlafen – na prima! Wer sagt denn, dass Sie das nicht dürfen? Es gibt schließlich keine Meditationspolizei! Auch wenn Sie nachts wach liegen – wunderbar, eine gute Gelegenheit für eine Runde Extra-Üben!

Und so geht's: Richten Sie bei dieser Übung Ihre Aufmerksamkeit einfach auf Ihren Atem. Spüren Sie, wie sich der Atem in ihrem Körper bewegt, und verändern Sie nichts – beobachten Sie einfach nur Ihren Atem. Das ist alles. Wenn Sie wollen, können sie die Atemzüge auch einfach zählen. Das hat eine ähnlich beruhigende Wirkung wie das sprichwörtliche Schäfchenzählen zum Einschlafen. Wichtig: Wenn Ihre Gedanken abschweifen, ist das überhaupt nicht schlimm. Sobald Sie es bemerken, kehren Sie wieder zur Übung zurück (und falls Sie Zählen, gehen einfach wieder zur Eins zurück).

Stupide? Nein, entspannend! Konzentrieren Sie sich einfach darauf, den Atem zu beobachten und seien Sie sich des Ein- und Ausatmens vollkommen bewusst. Und wenn Sie am Ende einschlafen, umso besser.

2. Körper-Scan

Setzen oder legen Sie sich bequem hin. Auch hier ist es überhaupt kein Problem, diese Übung im Bett liegend vor dem Einschlafen zu machen, oder mitten in der Nacht, wenn Sie wieder einmal nicht durchschlafen können. Und auch bei dieser Übung dürfen Sie selbstverständlich gerne wieder dabei einschlafen!

Und so geht's: Gehen Sie in dieser Übung mental wie mit einem Scanner durch Ihren Körper, und nehmen Sie bewusst alle Anspannungen wahr, die Sie bei diesem Körper-Scan aufspüren. Sie können entweder Ihre Empfindungen nur wertungsfrei beobachten, oder Sie können als Abwandlung der Übung versuchen, jede während des Scans entdeckte Muskelanspannung in eine tiefe Muskelentspannung zu verwandeln.

Hierfür können Sie vorstellen, dass der Körper-Scan ein heilsames, entspannendes Licht tief in die Muskeln hinein wirken lässt. Experimentieren Sie mit der Farbe – welche wirkt am besten für Sie? Experimentieren Sie auch, ob es sich für Sie stimmiger anfühlt, oben am Kopf anzufangen und sich langsam nach unten zu den Zehen voran zu arbeiten, oder ob es umgekehrt für Sie besser paßt, bei den Zehen zu beginnen und den Scanner langsam nach oben wandern zu lassen.

Achten Sie während der Übung auf jede Art von Spannung, Schmerz oder Entspannung, und versuchen Sie, bewertungsfrei einfach nur zu beobachten.

3. Gehmeditation

Die Gehmeditation als Achtsamkeits-Übung ist sehr gut für Menschen geeignet, die Probleme mit dem ruhigen Sitzen oder Liegen haben. Gerade während depressiver Phasen kann manchmal auch eine quälende innere Unruhe bestehen, sodass Sie immer wieder aufstehen und „herumtigern" möchten. Dies können Sie tatsächlich für eine Gehmeditation nutzen.

Und so geht's: Gehen Sie langsam und bewusst einige Schritte vorwärts. Spüren Sie den Boden unter Ihren Füßen und seien Sie sich der Bewegung Ihres Körpers bewusst, während Sie gehen. Achten Sie auf den Kontakt Ihrer Füße mit dem Boden, und spüren Sie die Empfindungen in Ihren Beinen und Muskeln. Kommen Sie ganz ins Hier und Jetzt, ganz in den gegenwärtigen Moment.

Wenn es Ihnen wieder besser geht, und Sie genügend Antrieb haben, um vielleicht regelmäßig Joggen zu gehen (regelmäßig Sport zu machen ist eine sehr gute Depressions-Prophylaxe, hierzu gibt es eine Menge wissenschaftlicher Studien!), können Sie statt einer Gehmeditation auch eine Laufmeditation ausprobieren. Hierfür nehmen Sie dann einfach beim Laufen oder Joggen die Bewegungsabläufe wahr. Sie registrieren die Empfindungen Ihrer Muskeln und das Gefühl des Bodens unter Ihren Füßen, während Sie Schritt für Schritt für Schritt vorwärtskommen. Sie konzentrieren sich ganz auf den aktuellen Moment und nehmen jede Regung, jede Empfindung möglichst ohne sie zu bewerten wahr.

4. Essen mit Achtsamkeit

Dies ist eine Übung, die keinerlei zusätzliche Zeit kostet. Die Sie somit auch im größten Stress und in der schlimmsten Hektik des Alltags durchführen können. Wobei – genau dieser Stress und diese Hektik soll durch diese Achtsamkeits-Übung entschleunigt werden. Denn anstatt das Essen einfach nur schnell und achtlos in sich reinzustopfen, nehmen Sie es jetzt Bissen für Bissen ganz bewusst wahr.

Und so geht's: Nehmen Sie sich die Zeit, bewusst und achtsam zu essen. Und zwar schon, bevor es überhaupt losgeht: Schon bevor Sie beginnen, nehmen Sie das Essen in Ihre Hände (falls es sich zum Beispiel um eine Weintraube oder um einen Apfel handelt). Spüren Sie die Textur und das Gewicht. Ist es kein Obst, sondern gekochtes Essen, spüren Sie das kühle, feste Besteck in Ihren Händen. Riechen Sie den Duft des Essens.

Vermeiden Sie Ablenkungen wie Fernsehen oder das Lesen von Nachrichten während des Essens. Allein schon durch diese simple Maßnahme können Sie eine ungeheuer positive Wirkung erzielen. Multitasking ist in Ordnung, aber bitte nicht in Bezug auf das Essen!

Seien Sie sich des Geschmacks, der Textur und des Geruchs des Essens bewusst, und versuchen Sie, jeden Bissen bewusst zu kauen und zu genießen. Nehmen Sie jeden Bissen vollständig wahr und werden Sie sich bewusst, wie sich das Essen auf Ihre Sinne auswirkt.

5. Klangmeditation

Auch die Klangmeditation ist eine wunderbare Praxis, um den Geist zu beruhigen und die Achtsamkeit auf den gegenwärtigen Moment zu lenken. Hierbei konzentrieren Sie sich auf einen bestimmten Klang, wie das Läuten einer Glocke, das Ticken einer Uhr, das Rauschen des Windes oder sogar Ihre Lieblingsmusik (auch hier: Es gibt keine Meditationspolizei, die so etwas verbietet! Sie dürfen alles genau so machen, wie es Ihnen guttut).

Beginnen Sie damit, Ihre Aufmerksamkeit auf den Klang zu richten, den Sie sich dafür ausgesucht haben. Nehmen Sie ihn in Ihr Bewusstsein auf und lassen Sie ihn auf sich wirken. Während Sie den Klang erleben, können Sie verschiedene Empfindungen bemerken, die damit verbunden sind. Vielleicht spüren Sie Vibrationen in Ihrem Körper oder bemerken, wie sich Ihre Atmung verändert. Lassen Sie diese Empfindungen zu und geben Sie ihnen Raum, sich zu entfalten. Konzentrieren Sie sich darauf, wie der Klang durch Ihr Inneres fließt und lassen Sie dabei andere Gedanken und ablenkende Geräusche einfach los.

Spüren Sie am Ende, wie der Klang langsam nachlässt und in Stille übergeht. In diesem Moment können Sie tiefe Ruhe und den Frieden in Ihrem Inneren erleben. Lassen Sie sich von dieser Stille tragen und richten Sie Ihre Aufmerksamkeit ganz auf den gegenwärtigen Moment.

Es ist normal, dass der Geist während der Klangmeditation abschweift. Wenn dies geschieht, holen Sie einfach ganz sanft und geduldig Ihre Aufmerksamkeit zurück. Das wiederholte Zurückbringen des Fokus hilft Ihnen, den Geist zu beruhigen und die Achtsamkeit zu vertiefen. Genau dies ist doch die Übung. Nutzen Sie diesen Prozess, um entspannt und wachsam zu bleiben, während Sie sich mit dem Klang und der Stille verbinden.

5 EINFACHE ACHTSAMKEITSÜBUNGEN FÜR BEREITS ETWAS FORTGESCHRITTENE

1. Naturbeobachtung als Achtsamkeitsmeditation

Eine Methode, die zunehmend an Beliebtheit gewinnt, ist die Naturbeobachtung als Achtsamkeits-Meditation. Hierbei nehmen Sie bewusst die Details der natürlichen Umgebung wahr, ob es nun das Singen der Vögel, das Rauschen der Blätter im Wind oder das Murmeln eines Flusses ist. Indem Sie Ihre Sinne öffnen und sich in den Moment vertiefen, kann es mit zunehmender Übung immer besser gelingen, achtsam zu sein und eine Verbindung zur Natur herzustellen.

Der erste Schritt besteht darin, einen Ort in der Natur zu finden, der Ihnen Ruhe und Frieden schenkt. Das kann ein Park, ein Wald oder sogar Ihr eigener Garten sein. Sobald Sie an Ihrem gewählten Ort angekommen sind, nehmen Sie sich einen Moment, um tief durchzuatmen und sich vom Alltag zu lösen. Lassen Sie Ihre Gedanken zur Ruhe kommen und öffnen Sie sich für die Natur.

Versuchen Sie dabei bitte, all Ihre Sinne einzubeziehen (stets alle Sinne anzusprechen, lernt übrigens jeder Hypnosetherapeut, denn dies potenziert die Wirkung der Wahrnehmung enorm). Nehmen Sie den Duft der Blumen wahr, spüren Sie die warme Sonne auf Ihrer Haut, hören Sie das Zwitschern der Vögel und sehen Sie die

Farbenpracht der Pflanzen und Tiere um sich herum. Verbinden Sie sich mit der Natur auf einer tiefen Ebene und lassen Sie die Eindrücke auf sich wirken.

Während Sie diese Erfahrungen machen, nehmen Sie auch Ihre Empfindungen wahr. Vielleicht bemerken Sie nach und nach eine innere Ruhe oder eine Verbundenheit mit der Natur. Vielleicht stellen Sie fest, wie Ihre Gedanken zur Ruhe kommen und Sie im Hier und Jetzt verweilen. Wenn Ihnen dies zunächst nicht gelingt, nehmen Sie einfach auch das Fehlen der angenehmen Empfindungen und vielleicht auch Ihre innere Unruhe einfach möglichst vorurteilsfrei wahr. Es ist, wie es ist! Alles darf da-sein.

Achtsamkeits-Meditation ist das Wahrnehmen dessen, was tatsächlich da ist, nicht das Suchen danach, was unserer Meinung nach da sein sollte. Die Ruhe und Entspannung, die Sie suchen, wird sich irgendwann ganz von alleine einstellen – und zwar paradoxerweise genau dann, wenn Sie aufhören, danach zu suchen. Diese Erfahrung ist ein elementares Aha-Erlebnis, das sich womöglich erst nach vielen Monaten einstellt. Aber es wird Ihre Sichtweise auf die Dinge grundlegend ändern.

2. Achtsame Alltagstätigkeiten

Die Achtsamkeits-Meditation bei Alltagstätigkeiten basiert auf der Idee, dass wir jede Aktivität bewusst und mit voller Aufmerksamkeit ausführen können. Egal, ob wir spülen, staubsaugen, kochen, einen Spaziergang machen oder sogar beim Autofahren – jede Tätigkeit bietet die Chance, in den gegenwärtigen Moment einzutauchen, die Erfahrung sehr intensiv mit allen Sinnen wahrzunehmen und ganz bei der Sache zu sein.

Und so geht's: Der erste Schritt besteht darin, die Aufmerksamkeit bewusst auf die gegenwärtige Tätigkeit zu lenken. Nehmen Sie sich einen Moment, bevor Sie mit der Aufgabe beginnen, um tief durchzuatmen. Konzentrieren Sie sich auf die körperlichen Empfindungen, die mit der Aktivität verbunden sind. Fühlen Sie zum Beispiel das warme Wasser beim Spülen, das sanfte Gleiten des Staubsaugers über den Boden, oder den Geruch der Gewürze beim Kochen.

Während Sie die Tätigkeiten ausführen, bleiben Sie ganz im gegenwärtigen Moment und konzentrieren sich ganz auf die Handlung selbst. Beobachten Sie die Bewegungen, die Sie machen, die Geräusche, die Sie hören, und die vielfältigen Empfindungen, die Sie dabei haben. Werden Sie sich der vielen kleinen Details bewusst und nehmen Sie die Aktivität mit allen Sinnen wahr.

Wenn Ihre Gedanken beginnen abzuschweifen und Sie plötzlich merken, dass Sie in Gedanken versunken sind (und das wird wieder und wieder geschehen, das ist vollkommen normal!) – dann bringen Sie Ihre Aufmerksamkeit einfach sanft zurück zu dem, was Sie gerade tun.

Es ist normal, dass sie immer wieder abschweifen. Genau das ist ja die Übung: das bewusste, geduldige Zurückbringen Ihrer Aufmerksamkeit. Damit können Sie die Verbindung zum gegenwärtigen Moment wiederherstellen. Und zwar wieder und wieder und wieder. Das ist ganz und gar kein Versagen – genau das ist die Übung!

Die Achtsamkeits-Meditation bei Alltagstätigkeiten kann zu einem tieferen Verständnis und einer größeren Wertschätzung für die kleinen Dinge im Leben führen.

3. Bewusstes Sprechen und Zuhören

Bewusstes Sprechen und Zuhören kann als Achtsamkeits-Meditation eine wertvolle Übung sein und ganz nebenbei auch noch Ihre Beziehungen zu anderen Menschen verbessern. Denn indem Sie sich bewusst darauf konzentrieren, Ihre Worte mit Bedacht zu wählen und Ihrem Gesprächspartner Ihre volle Aufmerksamkeit zu schenken, können Sie eine tiefere Verbindung zu ihm herstellen und die Qualität Ihrer Kommunikation verbessern.

Und so geht's: Nehmen Sie sich einen Moment Zeit, um innezuhalten, bevor Sie sprechen, und überlegen Sie, wie Ihre Worte auf den anderen wirken könnten. Seien Sie präsent im Gespräch und unterdrücken Sie den Drang, voreilige Schlüsse zu ziehen oder abzuschweifen.

Hören Sie nicht einfach nur zu, um zu antworten, legen Sie sich also nicht bereits eine Antwort zurecht, während Ihr Gesprächspartner noch spricht. Denn so etwas geht natürlich ganz zwangsläufig zulasten des Zuhörens – das kann doch gar nicht anders sein! Machen Sie den entscheidenden Unterschied zu so vielen Menschen: Hören Sie WIRKLICH zu. Seien Sie auch im Gespräch ganz im gegenwärtigen Moment, ganz im Hier und im Jetzt.

Indem Sie diese achtsame Haltung beim Sprechen und Zuhören einnehmen, können Sie eine Atmosphäre des Respekts und der Empathie schaffen, die zu einer effektiven und harmonischen Kommunikation beiträgt. Und wie bei jeder Achtsamkeits-Übung trainieren Sie dabei auch, sich ganz auf den gegenwärtigen Augenblick zu konzentrieren.

4. Metta-Meditation

Die Metta-Meditation, auch bekannt als Liebevolle-Güte-Meditation, ist eine besonders kraftvolle Achtsamkeits-Übung. Sie zielt darauf ab, Liebe, Freundlichkeit und Mitgefühl zu entwickeln und zu vertiefen. Vielleicht haben Sie von dieser Meditationsform ja sogar schon gehört.

Und so geht's: Finden Sie einen ruhigen und bequemen Ort, an dem Sie sich entspannen können. Setzen Sie sich in einer aufrechten Position oder legen Sie sich hin und schließen Sie Ihre Augen. Nehmen Sie einige tiefe Atemzüge, um Ihren Geist zu beruhigen und sich auf den gegenwärtigen Moment einzustimmen. Auch hier gilt wieder: Es ist nicht verboten, diese Übung direkt vor dem Einschlafen im Bett liegend durchzuführen, und womöglich sogar währenddessen einzuschlafen.

Meditation wird zwar traditionell im Sitzen durchgeführt, und insbesondere die Zen-Meditation hat hierfür auch klare Regeln und Zeremonien, die auch durchaus alle ihren Sinn und ihre Vorteile haben. Aber Sie werden nicht verhaftet, wenn FÜR SIE etwas anderes einfach besser funktioniert.

Und bevor Sie überhaupt nicht meditieren und somit auch auf die gesundheitlichen Vorteile dieser seit Jahrtausenden praktizierten und bewährten Techniken verzichten, variieren Sie diese Techniken eben so, dass Sie zu Ihnen und Ihrem Leben passen. Und wenn Sie erst einmal „Feuer gefangen" haben und noch viel tiefer und dauerhafter in die Meditation eintauchen wollen, können Sie ja immer noch zu den „lehrbuchmäßigen" Anleitungen zurückkehren.

Jetzt aber die Anleitung für die Metta-Meditation als Achtsamkeits-Übung: Beginnen Sie damit, Liebe und Freundlichkeit für sich selbst zu empfinden. Wiederholen Sie innerlich positive Affirmationen wie „Möge ich glücklich sein", „Möge ich sicher sein" oder „Möge ich in Frieden leben". Lassen Sie diese Worte tief einsinken und versuchen Sie, sich selbst Güte und Mitgefühl entgegenzubringen (und ja, das fällt Menschen, die zur Depression neigen, ganz besonders schwer! Und genau dies soll die Metta-Meditation ganz, ganz behutsam ändern!).

Richten Sie nun Ihre Aufmerksamkeit auf ein geliebtes Wesen. Dies kann ein Familienmitglied, ein Freund oder sogar ein Haustier sein. Visualisieren Sie diesen Menschen oder dieses Tier in Ihrer Vorstellung und senden Sie ihm liebevolle Wünsche. Sagen Sie innerlich Sätze wie „Mögest du glücklich sein", „Mögest du dich geliebt fühlen" oder „Mögest du frei von Leiden sein".

Richten Sie Ihre Aufmerksamkeit dann auf jemanden, zu dem Sie eine neutrale Haltung haben – zum Beispiel eine Person, die Sie im Alltag sehen, aber mit der Sie keinen persönlichen Bezug haben. Senden Sie diesem Menschen ebenfalls liebevolle Wünsche und wünschen Sie ihm Glück, Frieden und Wohlbefinden.

Der nächste Schritt besteht darin, Mitgefühl für Menschen zu entwickeln, die Ihnen Schwierigkeiten bereiten oder gegenüber denen Sie negative Gefühle hegen. Versuchen Sie, ihr Leiden zu erkennen und ihnen in Gedanken Worte des Friedens und der Heilung zu senden. Dies hilft Ihnen, Vergebung und Mitgefühl zu kultivieren und negative Emotionen loszulassen.

Schließlich dehnen Sie Ihre liebevolle Güte auf alle Lebewesen aus – auf Menschen aller Rassen, Religionen und Kulturen, auf Tiere und die gesamte Natur. Senden

Sie bedingungslose Liebe und positive Energie in die Welt hinaus.

Das ist ja alles schön und gut, könnte man jetzt sagen. Aber was „bringt" Ihnen die Metta-Meditation bei Ihrer Depression? Nun, bei regelmäßiger Übung können Sie Ihr Herz öffnen und sich mit der Liebe und dem Mitgefühl verbinden, die bereits in Ihnen vorhanden sind. Indem Sie diese Praxis regelmäßig ausüben, können Sie dies noch verstärken und zu einem Gefühl der Verbundenheit ausweiten, die in der Depression ja meist ziemlich brüchig ist. Außerdem stärken Sie Ihre vermutlich viel zu geringe Selbstakzeptanz und Ihr viel zu geringes Selbstwertgefühl, und gehen damit direkt an die Wurzel dessen, was Sie in die Depression geführt hat. Sie können aber nicht nur Ihre eigene innere Welt transformieren, sondern auch einen positiven Beitrag zur Schaffung einer liebevolleren und mitfühlenderen Welt leisten, weil Sie im Laufe der Zeit einen inneren Frieden und eine innere freundliche Gelassenheit erzeugen, die Sie dann auch nach außen hin ausstrahlen. Sie ruhen in sich selbst. Und das führt dazu, dass man Ihnen auch ganz anders begegnen wird.

5. Meditative Kunst

Finden Sie eine Form der Kunst, die Ihnen Spaß macht, wie Malen, Zeichnen, Basteln, Heimwerken, Musik komponieren oder Gedichte schreiben. Diese Form der

Achtsamkeitspraxis verbindet das Beste aus beiden Welten – die Kunst des gegenwärtigen Moments und die unendliche Freiheit des kreativen Ausdrucks – und zwar ganz ohne Bewertungen oder Erwartungen. Erlauben Sie Ihrem kreativen Flow, frei zu fließen und fühlen Sie, wie Ihre Intuition Sie leitet. Nehmen Sie wahr, wie die Farben auf dem Papier leuchten, wie sich der Ton unter Ihren Händen formt oder wie Ihre Pinselstriche eine eigene Geschichte erzählen.

Während Sie sich in Ihrer meditativen Kunst vertiefen, nehmen Sie bewusst Ihre Sinneswahrnehmungen wahr. Spüren Sie die Textur des Materials, hören Sie den Klang der Pinselstriche oder betrachten Sie die verschiedenen Farbtöne, die sich vermischen. Tauchen Sie vollständig in die Erfahrung ein, als ob Sie mit jedem Pinselstrich, mit jedem Wort, mit jeder komponierten Note die Schönheit des gegenwärtigen Moments einfangen.

Wenn Sie Ihre meditative Kunst beendet haben, nehmen Sie einen Moment, um Ihre Schöpfung zu betrachten und in Stille zu reflektieren. Beobachten Sie, welche Gedanken, Emotionen oder Empfindungen während des kreativen Prozesses aufgetreten sind. Lassen Sie dann alles los und akzeptieren Sie Ihre Kunst in ihrer Ganzheit, ohne Urteil oder Bewertung.

Meditative Kunst ist nicht von ungefähr ein sehr wichtiger Bestandteil praktisch jedes psychosomatischen oder psychiatrischen Klinikprogramms. Zu ihren Vorteilen gehören zum Beispiel, dass Stress reduziert und Entspannung gefördert werden. Kreativität und Selbstausdruck werden gesteigert, ebenso Ihre Fähigkeit zur Konzentration und zur Fokussierung. Achtsamkeit und das Bewusstsein für den gegenwärtigen Moment steigen – dies alles sind beispielsweise wichtige Fähigkeiten, wenn Sie lernen wollen, Ihre negativen Grübelspiralen in den Griff zu bekommen.

Und auch das große und wichtige Thema „Perfektionismus reduzieren" wird durch meditative Kunst deutlich gefördert, denn Sie üben damit nicht nur, Ihr innerstes Wesen frei und ohne Urteil zum Ausdruck zu bringen. Sondern Sie lernen auch, Dinge einfach geschehen zu lassen: Indem Sie Ihre Erwartungen und Bewertungen während des kreativen Prozesses loslassen, lernen Sie, im Hier und Jetzt präsent zu sein und sich von Perfektionismus zu lösen.

▬▬

Diese fortgeschrittenen Achtsamkeitsübungen können also Ihre Fähigkeit, im gegenwärtigen Moment präsent zu sein und innere Ruhe sowie Mitgefühl zu entwickeln, fördern und vertiefen. Experimentieren Sie einfach ein wenig damit und finden Sie heraus, welche Übungen am besten zu Ihnen passen.

SCHRITT NR. 14

SEINE EIGENEN BEDÜRFNISSE KENNEN UND ACHTEN

„Liebe deinen Nächsten MEHR als dich selbst" steht noch nicht einmal in der Bibel. Und doch glauben viele Menschen, sie müssten genau dies tun: Ihre eigenen Bedürfnisse immer wieder zurückstellen und die der anderen für viel wichtiger halten – anstatt für wenigstens gleichwertig.

∎∎

Es ist immer wieder erstaunlich, wie viele Menschen mit genau diesem Problem zur Psychotherapie kommen: In der Kindheit hat man ihnen beigebracht, dass ihre Wünsche und Bedürfnisse weniger wichtig sind im Vergleich dazu, was sich andere Menschen wünschen, dass es selbstsüchtig und falsch sei, seine eigenen Wünsche zu äußern, die außerdem am Ende sowieso meistens übergangen wurden.

Ein Kind möchte es seinen Bezugspersonen grundsätzlich immer recht machen, und es lernt, dass die Erwachsenen umso zufriedener mit ihm sind und es anscheinend „umso lieber haben", wenn es artig und brav ist und nicht mit eigenen Wünschen stört. Die Folge ist, dass das Kind mit der Zeit verlernt, eigene Wünsche und Bedürfnisse überhaupt wahrzunehmen.

Dafür wird das Kind ein Meister darin, Antennen auszubilden, um die Wünsche und Bedürfnisse anderer zu lesen, die es auf gar keinen Fall enttäuschen will. Schließlich hat es gelernt, dass es dann am meisten gemocht wird. Und der Wunsch, geliebt zu werden, zumindest so viel, dass es nicht verlassen wird, ist für ein Kind ein überlebenswichtiger Instinkt, sodass diesem instinktiven Bedürfnis alles andere untergeordnet wird.

Ist ein solches Kind erwachsen geworden, hat es den Bezug zu seinen eigenen Gefühlen, Wünschen und Bedürfnissen verloren. Es hält die Wünsche, Gefühle und Bedürfnisse anderer Menschen für die eigenen. Es hat sich selbst verloren und lebt das Leben anderer – ohne es zu merken.

Das hat aber einen hohen Preis: Es hat eine depressive Persönlichkeitsstruktur ausgebildet. Es ist damit anfällig geworden für bestimmte Arten von Depressionen.

Doch selbst wenn es nicht zu einem Ausbruch einer Depression kommt, so begleitet solche Menschen oft ein Gefühl ständiger innerer Leere. Diese versuchen sie zu füllen: mit anderen Menschen, an die sie sich klammern, mit Konsum, mit Arbeit, mit Suchtmitteln. Doch nichts funktioniert wirklich gut.

Denn die innere Leere ist dadurch entstanden, dass diese Menschen den Bezug zu sich selbst, zu ihren eigenen Gefühlen, Wünschen und Bedürfnissen verloren haben. Nur damit könnte diese innere Leere gefüllt werden. Aber bis dahin ist es ein langer Weg, denn bereits beim Versuch, sich darüber klar zu werden, was denn solche eigenen Gefühle und Wünsche und Bedürfnisse wären, tritt die in der Kindheit erlernte Blockade auf: Allein sich zu fragen, was man selbst denn will, macht plötzlich Schuldgefühle, da man gelernt hat, dass es selbstsüchtig sei, solche Fragen zu stellen. Man dürfe schließlich nicht an sich selbst denken, es sei viel wichtiger und viel edler und ehrenwerter, an andere zu denken.

Leider macht diese Denkart auf Dauer psychisch krank. Es ist zwar völlig in Ordnung und auch wünschenswert, anderen etwas von seinem Überschuss zu geben, und das macht auch Freude und ist erfüllend.

Es macht jedoch psychisch krank, ständig von seinen Reserven zu geben, weil man glaubt, man dürfe seine eigenen Reserven nicht wieder auffüllen. Und selbst wenn man das wollen würde, hätte man verlernt, womit man eigene Reserven überhaupt wieder auffüllen kann.

Der erste Schritt heraus aus diesem Dilemma ist es, sich dessen überhaupt erst einmal bewusst zu werden. Und sich klarzumachen: Es ist okay, Bedürfnisse zu haben. Mehr noch: Auch wir Menschen haben eine Art „Gebrauchsanweisung", oder nennen wir es „Pflegeanleitung". Nämlich Grundbedürfnisse, die erfüllt werden müssen, wenn wir dauerhaft gedeihen wollen. Ähnlich wie eine Pflanze, die Sie sich in der Gärtnerei kaufen. Für jede Pflanze bekommen Sie ja auch eine „Pflegeanweisung" mit, die es zu beachten und umzusetzen gilt, damit Sie an ihr möglichst lange Freude haben. Denn wenn Sie beispielsweise einen Kaktus zu viel gießen, eine Azalee auf die Heizung stellen oder eine Yukka-Palme in den dunklen Keller verfrachten, dann können diese Pflanzen so einfach nicht gedeihen: Sie haben ihre Grundbedürfnisse nicht beachtet, und die Pflanzen sind dadurch zugrunde gegangen.

Das macht diese Pflanzen nicht zu schlechten Pflanzen, aber es macht Sie zu einem schlechten Gärtner, wenn Sie nicht für akzeptable Lebensbedingungen für Ihre Pflanzen gesorgt haben. Umgekehrt werden Sie zu einem ganz hervorragenden Gärtner, wenn Sie die Grundbedürfnisse Ihrer Pflanzen nicht nur kennen, sondern auch beachten und umsetzen.

Soviel also zu den Grundbedürfnissen – diese halten die Pflanzen am Leben. Aber wenn sie nicht nur überleben sollen, sondern wachsen und gedeihen, dann braucht es ein kleines bisschen mehr als nur die Berücksichtigung der Grundbedürfnisse.

Denn jede Pflanze hat neben den Minimalbedingungen, unter denen sie überleben kann, auch eine Wunschliste mit Bedingungen, unter denen sie ganz besonders gut wachsen kann. So kann der Kaktus auf dem Dachboden zwar jahrelang überleben, wenn es nicht zu dunkel ist. Aber um zu wachsen und sogar zu blühen, wünscht er sich Sonne und Wärme, ab und zu Wasser, Kakteendünger und zur passenden Jahreszeit eine vorübergehende Temperaturänderung, die ihn dann zur Blüte anregt.

Und wie sieht es bei Ihnen aus? Glauben Sie immer noch, sie dürften gar keine Grundbedürfnisse haben und könnten trotzdem emotional überleben? Und was brauchen Sie, wenn Sie nicht nur emotional überleben, sondern wachsen und aufblühen wollen?

Die beiden Übungen auf den nächsten Seiten sollen Ihnen helfen, sich darüber einfach einmal ein paar Gedanken zu machen.

ÜBUNG: LISTE MIT GRUNDBEDÜRFNISSEN

Stellen Sie sich vor, Sie müßten eine Pflegeanleitung zu sich selbst schreiben. Welche Grundbedürfnisse sind unbedingt zu erfüllen, damit Sie überhaupt wachsen und gedeihen können?

1. ....
2. ....
3. ....
4. ....
5. ....
6. ....
7. ....
8. ....
9. ....
10. ....
11. ....
12. ....

13..

14..

15..

16..

17..

18..

19..

20..

21..

22..

23..

24..

25..

26..

27..

28..

29……………………………………………………………

30……………………………………………………………

31……………………………………………………………

32……………………………………………………………

33……………………………………………………………

34……………………………………………………………

35……………………………………………………………

36……………………………………………………………

37……………………………………………………………

38……………………………………………………………

39……………………………………………………………

40……………………………………………………………

41……………………………………………………………

42……………………………………………………………

43……………………………………………………………

44……………………………………………………………

46………………………………………………………

47………………………………………………..……

48…………………………………………………..…

49……………………………………………………...

50……………………………………………………...

51……………………………………………………...

52……………………………………………………...

53……………………………………………………...

54……………………………………………………...

55……………………………………………………...

56……………………………………………………...

57……………………………………………………...

58…………………………………………………..…

59………………………………………………………

60………………………………………………………

ÜBUNG: WUNSCHZETTEL

Stellen Sie sich vor, Sie dürften für die gute Fee eine Wunschliste schreiben. Sie haben also nicht nur drei Wünsche frei, sondern so viele, wie Sie möchten. Alles, was auf dieser Wunschliste steht, wird in Erfüllung gehen. Wieviele Wünsche fallen Ihnen ein, bevor Ihnen die Ideen ausgehen?

1. ....
2. ....
3. ....
4. ....
5. ....
6. ....
7. ....
8. ....
9. ....
10. ....
11. ....

12 ....
13 ....
14 ....
15 ....
16 ....
17 ....
18 ....
19 ....
20 ....
21 ....
22 ....
23 ....
24 ....
25 ....
26 ....
27 ....

28……………………………………………………………

29……………………………………………………………

30……………………………………………………………

31……………………………………………………………

32……………………………………………………………

33……………………………………………………………

34……………………………………………………………

35……………………………………………………………

36……………………………………………………………

37……………………………………………………………

38……………………………………………………………

39……………………………………………………………

40……………………………………………………………

41……………………………………………………………

42……………………………………………………………

43……………………………………………………………

44..

45..

46..

47..

48..

49..

50..

51..

52..

53..

54..

55..

56..

57..

58..

59..

SCHRITT NR. 15

DER VERGLEICH MIT ANDEREN

Der Satz: „Andere schaffen das doch auch!", ist kein Teil der Lösung, sondern ein ganz gewichtiger Teil des Problems.

■■

Vergleiche sind in unserer Gesellschaft allgegenwärtig. Schon als Kinder bringt man uns bei, uns mit anderen zu vergleichen: „Nimm dir mal ein Beispiel an deiner Schwester/deinem Bruder!" Kommen da Erinnerungen bei Ihnen auf? Und sind diese denn freudig und positiv? Sicher nicht, oder? Denn so wurde damals in Ihrer Kindheit bereits der Grundstein für einen großen Teil der Probleme in Ihrer Gegenwart gelegt.

Wir vergleichen unsere Erfolge, unsere Erscheinung, unsere Beziehungen und fast alle Aspekte unseres Lebens mit denen anderer Menschen. Doch was passiert eigentlich auf lange Sicht, wenn wir uns ständig mit anderen vergleichen, anstatt eine gesunde Selbstakzeptanz zu entwickeln?

Nun, der wichtigste Grund, warum Vergleiche ebenso sinnlos wie schädlich sind, ist die Tatsache, dass jeder Mensch nun mal einzigartig ist. Wir alle haben unterschiedliche Hintergründe, Talente, Fähigkeiten, Stärken, Ziele und Träume. Indem wir uns mit anderen vergleichen, negieren wir unsere eigene Einzigartigkeit und versuchen, uns in eine vorgegebene Norm zu zwängen (oder zwängen zu lassen).

Wenn Sie sich aber mit anderen Menschen vergleichen, setzen Sie sich unbewusst unter Druck, deren Standards gerecht zu werden. Das heißt ja aber, zu erreichen, was gemäß FREMDER Standards als Erfolg betrachtet wird. Aber sind das überhaupt auch IHRE Standards? Sind das IHRE Werte, Ziele und Visionen? Oder lassen Sie sich in fremde Normen zwängen und somit vor einen fremden Karren spannen?

Der Vergleich mit anderen Menschen basiert schließlich oft auf oberflächlichen Kriterien wie Aussehen, Besitztümern oder beruflichem Erfolg. Sind das tatsächlich IHRE Werte? Messen Sie Ihren Wert als Mensch tatsächlich daran, ob Sie mit dem Wagen der Nachbarn mithalten können, ob Sie wie Ihr Arbeitskollege mehrmals jährlich in den Urlaub fahren können, oder ob Sie so gut aussehen wie Ihre Schwägerin?

Fällt es Ihnen auf? Das ist ein Spiel, das Sie so oder so nicht gewinnen können! Denn schaffen Sie es nicht, sich an die fremde Norm anzupassen, fühlen Sie sich als Versager und werden frustriert und unzufrieden. Ihr Selbstwertgefühl leidet, da Sie sich minderwertig oder unzureichend fühlen, wenn Sie nicht mit anderen mithalten können. Ihr Selbstwert sollte jedoch auf inneren Werten und persönlichen Fortschritten basieren, nicht auf externen Vergleichen.

Aber – und eben deswegen ist der Vergleich mit anderen ein Spiel, das Sie nicht gewinnen können: Schaffen Sie es am Ende tatsächlich doch, sich in die fremden Normen einzufügen, verraten Sie sich damit selbst, Ihre eigenen Normen, Ihre eigenen Werte und Visionen. Und das führt zum Gefühl innerer Leere und Sinnlosigkeit.

Wenn Sie sich also auf andere Menschen konzentrieren und sich mit ihnen vergleichen, verpassen Sie somit die wunderbare Möglichkeit, Ihr eigenes Potenzial zu entdecken und zu entwickeln. Jeder Mensch hat einzigartige Fähigkeiten und Talente, die es zu erkunden und zu entfalten gilt. Nur indem Sie sich auf Ihren eigenen Weg konzentrieren und Ihren eigenen Fortschritt verfolgen, können (und werden) Sie am Ende auch persönliches Wachstum und Erfüllung erreichen.

Was aber ist die Lösung?

Nun: Während der Vergleich mit anderen fast unweigerlich zu Unzufriedenheit und negativen Emotionen führt, bietet der Vergleich mit sich selbst die Möglichkeit zu persönlichem Wachstum und Selbstreflexion.

In anderen Worten: Wenn Sie sich mit anderen Menschen vergleichen, führt dies fast immer dazu, Ihre eigenen Fähigkeiten herabzusetzen und sich minderwertig zu fühlen. Dies reduziert das Selbstwertgefühl.

Wenn Sie sich jedoch mit sich selbst vergleichen, mit dem Mensch, der Sie vor einiger Zeit waren, oder auch mit dem Mensch, der Sie gerne einmal sein möchten, dann sieht das Ergebnis völlig anders aus. Denn der Vergleich wird nun plötzlich fair: Sie erkennen Ihre eigene Individualität an und können dadurch Ihre persönlichen Fortschritte und Erfolge würdigen. Sie können erkennen, wie weit Sie gekommen sind und welche Bereiche und Fähigkeiten Sie noch verbessern können. Sie können Ihre Ziele und Werte überprüfen, Ihre Fortschritte würdigen und an sich arbeiten, indem Sie das nächste Ziel abstecken, das Sie noch erreichen möchten.

Der Vergleich mit anderen hingegen führt fast unweigerlich zu Frustration und dem Gefühl, den eigenen Erwartungen nicht gerecht zu werden. Es führt zudem zu Neid und Unzufriedenheit, da wir uns mit vermeintlich (!) besseren oder erfolgreicheren Menschen vergleichen. Der Vergleich mit sich selbst ermöglicht es uns hingegen, Dankbarkeit für das zu empfinden, was wir bereits erreicht haben, und Zufriedenheit mit unseren eigenen Fortschritten zu finden.

Es ist also sehr wichtig, sich bewusst zu machen, dass der Vergleich mit anderen Menschen sinnlos ist und uns nur unglücklich macht. Dagegen bietet der Vergleich mit sich selbst die Möglichkeit zu persönlichem Wachstum, zur Selbstreflexion und zu Dankbarkeit und Zufriedenheit.

„Schön und gut", werden Sie jetzt womöglich sagen, „ich weiß ja selbst, dass es nichts bringt, sich mit anderen Menschen zu vergleichen. Mit dem Verstand ist mir das absolut klar. Aber irgendwie kann ich einfach nicht damit aufhören. Was kann ich also TUN?"

Eine der wirkungsvollsten Methoden ist hier die Momentaufnahme. Machen Sie sich hierfür einfach klar: Sie sehen von anderen Menschen immer nur eine Momentaufnahme, und das auch noch als Fassade, als schöner Schein nach außen. Wie die Wirklichkeit dahinter aussieht, können Sie doch gar nicht wissen, denn nach dem Motto: „Was sollen denn die Leute denken!", zeigt doch kaum jemand, wie die Wirklichkeit hinter dem schönen Schein aussieht. Ich möchte Ihnen das gerne am Beispiel von „Traumpaaren" erläutern.

Je nachdem, wie alt Sie sind, können Sie sich sicher an das Traumpaar Ihrer Zeit erinnern. Vielleicht Elvis und Priscilla Presley? Barbara und Boris Becker? Prince Charles und Lady Diana? Brad Pitt und Angelina Jolie? Was war das Traumpaar Ihrer Zeit? Welches Traumpaar es auch war: Es wurde zu seiner Hoch-Zeit (interessanter Ausdruck, nicht wahr?) von allen beneidet und als Messlatte für Beziehungsglück gesehen. Die Menschen jener Zeit verglichen ihre eigene Beziehung, ihre eigene Ehe mit der des Traumpaars, und dreimal dürfen Sie raten: Die eigene Beziehung schnitt verglichen mit der des Glamour-Paars deutlich schlechter ab. Das, was das Traumpaar lebte, das war wahre Liebe! Die eigene Beziehung dagegen – na ja. Die konnte damit natürlich nicht mithalten. Die war verglichen damit allenfalls Durchschnitt. Und so verpasste man durch das völlig sinnfreie Vergleichen der eigenen Beziehung mit einer scheinbar perfekten Traumbeziehung die Chance auf Zufriedenheit, Dankbarkeit und Glück in der eigenen Beziehung.

Und wie ging die perfekte, wahnsinnig glückliche Promi-Liebesgeschichte dann aus? Können Sie sich daran erinnern, wie die Fassade plötzlich bröckelte? Wie plötzlich immer mehr Einzelheiten nach außen drangen, die ganz und gar nicht strahlend und perfekt waren? Es war alles nur schöner Schein, die Wirklichkeit dahinter sah schon lange vollkommen anders aus! Und am Ende war aus dem scheinbaren strahlenden Glück des Traumpaars eine leidvolle, bittere Trennung geworden.

Was glauben Sie denn, wie es bei den Menschen, mit denen Sie sich vergleichen, hinter den Kulissen aussieht? Oder welches tragische Schicksal auf diese Menschen wartet? Das können Sie doch gar nicht wissen – Sie sehen nur eine Momentaufnahme im Hier und Jetzt.

Sie wissen ebenso wenig, was die Menschen, mit denen Sie sich vergleichen, alles schon durchgemacht haben, um dorthin zu kommen, wo sie jetzt stehen.

Ihre wunderschöne Kollegin hat als Jugendliche womöglich eine Magersucht überwinden müssen und wäre dabei fast gestorben. Sie hat sich zurück ins Leben gekämpft, aber in großen Stressphasen neigt sie immer noch dazu, in alte Muster zu verfallen und kämpft gegen das Wiederaufflammen der Essstörung an.

Die glückliche Nachbarsfamilie erzählt vielleicht niemandem davon, dass der 15 Jahre alte Sohn als Kind Leukämie hatte und sein Leben auf Messers Schneide stand.

Ihr Chef mag keinen Alkohol, wie Sie von etlichen Betriebsfeiern wissen. Aber Sie wissen nicht, dass er womöglich trockener Alkoholiker ist. Und dass es eben keineswegs so ist, dass er keinen Alkohol trinken WILL. Sondern dass er keinen Alkohol trinken DARF, noch nicht mal einen Tropfen.

Wenn Sie sich bewusst machen, dass alles, was Sie sehen, nur eine Momentaufnahme ist, entsteht aus dem sinnlosen Vergleichen mit anderen die Grundhaltung des Mitgefühls.

Und Ihnen wird bewusst: Nichts ist von Dauer. Weder das Gute, noch das Schlechte. Nichts hat dauerhaft Bestand. Veränderung ist ein grundlegender Aspekt des

Lebens. Alles in unserer Welt unterliegt einem ständigen Wandel, sei es in der Natur, in unseren Beziehungen oder sogar in unseren eigenen Gefühlen und Überzeugungen.

Die Vorstellung, dass nichts dauerhaft Bestand hat, kann auf der einen Seite natürlich beängstigend sein. Aber wenn wir erkennen, dass sich alles ändern kann und wird, bedeutet das doch ebenfalls: Es gibt keine festgelegten Grenzen oder Begrenzungen für das, was wir erreichen können.

Wenn die Grundregel des Lebens lautet, dass nichts so bleibt, wie es ist, bedeutet das eben auch: ALLES ist möglich. Und: „Wenn Du gerade durch die Hölle gehst, bleib nicht stehen, sondern geh einfach weiter". Dann kommen Sie am anderen Ende wieder heraus.

ÜBUNG: MOMENTAUFNAHME

1. Schreiben Sie hier zunächst einmal auf, mit welchen Menschen Sie sich üblicherweise vergleichen und warum.

....
....
....
....
....
....
....
....
....
....
....
....
....

2. Jetzt machen Sie sich bewusst, dass Sie von diesen Menschen nur eine Momentaufnahme sehen. Und lassen Sie Ihre Fantasie spielen, um sich auszumalen, welchen Leidensweg sie womöglich hinter sich haben – oder was womöglich noch auf sie wartet. Beneiden Sie diese Menschen nun immer noch?

3. Und jetzt vergleichen Sie sich bitte mit einem früheren Selbst. Was konnten Sie früher noch nicht, das Sie inzwischen gelernt haben, und auf das Sie tatsächlich auch schon ein wenig stolz sind?

....

....

....

....

....

....

....

....

....

....

....

....

....

....

4. Jetzt stellen Sie sich bitte vor, was Sie in der Zukunft noch gerne erreichen möchten. Wo wären Sie gern in einem Jahr? In fünf Jahren? In zehn Jahren? Was müssten Sie dann HEUTE dafür tun?

NACHWORT

Ich möchte Ihnen zum Abschluss gerne noch eine kleine Geschichte mit auf den Weg gehen, deren Sinn sich Ihnen womöglich nicht sofort erschließt. Das macht nichts. Lassen Sie sie einfach auf sich wirken. Ihr Unbewußtes wird die Geschichte verstehen und in der Tiefe damit arbeiten. Manche Dinge wirken im Untergrund, und Ihr Unterbewusstsein wird wissen, wie die folgende Geschichte zu verstehen ist. Los geht's.

■■

„Stopp! Hier ist die Gedankenpolizei. Dieser Gedankengang ist leider vorübergehend gesperrt."

„Wie bitte? Seit wann das denn?"

„Es ist momentan zu gefährlich, Sie würden steckenbleiben."

„Aber ich fahre immer hier entlang!"

„Oh, ja, jetzt erkenne ich Sie! Wegen Ihnen haben wir diese Sperrung eingeführt! Sie haben sich schon zu oft hier festgefahren, und jedesmal war es ein Riesenaufwand, Sie wieder herauszuholen!"

„Aber ich MUSS hier vorbei!"

„Nicht jetzt! Kommen Sie ein andermal wieder."

„Was soll das heißen? Ich fahre IMMER hier vorbei!"

„Da spricht ja auch nichts dagegen, nur eben nicht jetzt."
„Warum denn nicht?"

„Haben Sie keinen Verstand im Kopf? Es ist Nacht, es ist dunkel, und es regnet die ganze Zeit schon – alles ist matschig, Sie KÖNNEN diesen Weg derzeit nicht befahren, Sie würden sich wieder festfahren!"

„Aber ich MUSS hier durch!"

„Da spricht ja auch nichts dagegen, aber momentan ist dieser Gedankengang nun mal gesperrt. Kommen Sie ein andermal wieder!"

„Wie, ein andermal? Wann denn?"

„Na wenn es hell ist, gute Sichtverhältnisse bestehen, die Sonne den Matsch wieder ausgetrocknet hat – dann ist die Strecke ungefährlich und Sie kommen problemlos durch. Jetzt ist es einfach zu gefährlich."

„Aber es gibt keinen anderen Weg! Ich MUSS da durch!"

„Mag sein, aber jetzt und heute macht es keinen Sinn. Der Gedankengang ist gesperrt."

„Aber wo soll ich denn hin? Was soll ich denn machen?"

„Was weiß ich? Stellen Sie Ihren Wagen ab, machen Sie einen Spaziergang."

„Mitten in der Nacht? Im Dunkeln? Im Regen??"

„Ok, nicht sehr verlockend. Aber sich im Matsch festfahren noch weniger."

„Aber vielleicht würde ich ja durchkommen?"

„Sie haben sich auf dieser Strecke bei diesen Wetterverhältnissen bisher IMMER festgefahren. Lernen Sie eigentlich nie dazu? Offenbar nicht, darum ist dieser Gedankengang jetzt heute nacht gesperrt, basta."

„Aber ich kenne keinen anderen Weg! Ich fahre immer diesen Gedankengang! Und bei gutem Wetter ist das auch nie ein Problem!"

„Jetzt ist es eins."

„Aber ich kann bei diesem schlechten Wetter keine anderen Wege ausprobieren! Ich kenne mich hier nicht aus!"

„Richtig, das ist kein Wetter um neue Wege zu erforschen. Das sollten Sie aber bei gutem Wetter vielleicht mal tun."

„Aber warum sollte ich das denn? Bei gutem Wetter kann ich doch problemlos den gesperrten Gedankengang nehmen!"

„Ja, und bei schlechtem Wetter eben nicht."

„Aber wo soll ich denn jetzt hin?"

„Das kann ich Ihnen. Ichtbsagen. Ich kann Ihnen nur eins raten: warten Sie in Ruhe ab, und sorgen Sie künftig für diese Situation vor. Es wird immer wieder schlechte Wetterbedingungen geben, und dieser Gedankengang ist dann zukünftig gesperrt, denn offenbar lernen Sie nicht daraus, dass Sie sich immer wieder festfahren."

„Aber ich muss da jetzt durch!"

„Nein. Stellen Sie jetzt bitte Ihren Wagen auf den Parkplatz, versuchen Sie zu schlafen, oder lesen Sie was, schauen Sie fern, kehren Sie um und treffen Freude, oder wenn alles nicht klappt setzen Sie sich einfach hin und warten darauf dass es Tag wird und der Regen aufhört."

„Aber ich muss da jetzt durch!"

„Nein. Sie können jetzt diesen gesperrten Gedankengang nicht nehmen, das würde Sie keinen Schritt weiter bringen, sondern Sie würden sich nur wieder festfahren, und das kostet wie Sie wissen eine Menge Zeit, Kraft, Nerven und Energie. Sie können momentan nichts weiter tun als abzuwarten."

Reifenquietschen, Motorgeheule – der Wagen durchbricht die Sperrung und steckt kurz darauf hoffnungslos im Matsch fest. Wieder mal.

Wie oft wohl noch?

Über die Autorin

Dr. Barbara Gorißen ist Fachärztin für Innere Medizin mit Zusatzbezeichnung Psychotherapie (fachgebunden/tiefenpsychologisch fundiert) und Sachbuch-Autorin. Sie war mehr als 10 Jahre als Notärztin im Rettungsdienst tätig und ist seit 2014 in eigener psychotherapeutischer Privatpraxis niedergelassen. Sie beschäftigt sich schwerpunktmäßig mit Ängsten, Depression und Burnout sowie Neurodiversität (ADHS, Autismusspektrum, Hochsensibilität) und Introvertiertheit.

Das Buch „Könnte es wirklich ASHD sein? Ein Leitfaden mit über 300 Symptom-Beispielen" ist erhältlich unter der ISBN 9798870617725

Made in the USA
Columbia, SC
11 April 2024